科技馆科学传播
与科学教育探究

张 强 著

吉林文史出版社

图书在版编目（CIP）数据

科技馆科学传播与科学教育探究 / 张强著. -- 长春：
吉林文史出版社，2024. 8. -- ISBN 978-7-5752-0574-0

Ⅰ. G206.2；G40-05

中国国家版本馆CIP数据核字第2024HR5018号

科技馆科学传播与科学教育探究
KEJI GUAN KEXUE CHUANBO YU KEXUE JIAOYU TANJIU

出 版 人：张 强
著　　者：张 强
责任编辑：张焱乔
版式设计：李 鹏
封面设计：文 亮
出版发行：吉林文史出版社
电　　话：0431-81629352
地　　址：长春市福祉大路5788号
邮　　编：130117
地　　址：www.jlws.com.cn
印　　刷：北京昌联印刷有限公司
开　　本：710mm×1000mm　1/16
印　　张：12.75
字　　数：200千字
版次印次：2024年8月第1版　2024年8月第1次印刷
书　　号：ISBN 978-7-5752-0574-0
定　　价：78.00元

前　言

　　科技馆策划和实施科学传播活动的目的是向公众传播科学知识，加深公众对科学的认识和理解，通过实验、展览、交流等活动形式，让参观者身临其境地感受科学的魅力。一方面，参观者可以在科技馆中进行化学实验、物理实验、生物实验等，了解各种实验操作和实验结果，感受科学的神奇和乐趣，科技馆会展示各种科学实物、模型、图片等，通过生动的形象展示，让参观者直观地了解各种科学知识和技术应用；另一方面，参观者可以在科技馆中观看各种机器人、航天器、汽车等展品，了解此类产品的制作工艺和工作原理，感受科技的前沿和创新。科技馆组织各种科学讲座、研讨会、论坛等活动，邀请专家学者、科学家、企业家等进行交流和分享，不仅让参观者了解了最新的科学成果和技术应用，拓宽了视野，还增强了科学素养。

　　在科技馆中，对参与者进行科学教育时，需要控制新媒体的应用，大部分参观者比较倾向于直观体验，所以，科技馆应该将相应的展项直观地传授给参观者，使他们的多重感官能够受到刺激，满足他们的需求。为了能够满足参与者的纯粹感官体验需求，需要合理利用新媒体技术，使参观者能够形成创新思维，丰富他们的想象力，为开展科学教育奠定基础。除此以外，对新媒体技术进行应用时，也需要营造良好的氛围，不过，并不需要在所有的展现中都应用这种技术，如果能够在开展 DIY 实验室教育活动的情况下让参与者自主操作，不仅能够使参与者受到启发，发挥科学实践活动的教育功能，还能够在亲身体验中获得新的认知。

　　本书旨在对科技馆科学传播与科学教育进行探究论述，提高科技馆的科学传播效应是非常有必要的，因为采取多元措施强化科学传播的有效性，可以有效推动科技进步和社会发展。通过优化展览设计、开展互动体验等，促使科技馆的科学传播效应进一步提升。在科技馆当中，借助新技术的引入和利用，可以让教学的素材更丰富，表现的形式更灵活，展示的空间更多元，这样一来，也就可以为广大参与者主体创造一个走近科学、接近科学的良好机会。

目　录

第一章　科技传播与普及的基本渠道

科技传播和普及渠道是科技传播与普及系统的基本要素，承担着传递科技传播与普及内容要素的任务，发挥着联结传播者与受众的作用。科技传播和普及渠道的建设对科技传播与普及事业发展具有举足轻重的作用。本章将对科技传播与普及的基本渠道进行阐述。

第一节　科学教育：基于教育过程的科技传播与普及

科学技术教育（以下简称"科学教育"）是指以科学技术为内容的教育活动。从广义的角度理解，所有的科学教育活动都和科技传播与普及有着密切关系，无论是在学校内开展的科学教育还是在学校外开展的科学教育，都具有传播和普及科学技术的重要功能。特别是，随着国民义务教育制度的不断推进，科学教育已经成为公众接触和学习科学技术知识的基础途径，成为面向社会公众传播与普及科学技术的基本渠道。随着公民科学素质理论研究的不断深化，以及对公众科学素质现状调查的不断深入，人们发现各种形式的科学教育对提高公民的科学素质都有重要作用。因而，融合校内外各种形式的科学教育成为科技传播与普及、提升公民科学素质的一种重要理念。

一、科学教育的发展及其当代体系

科学教育与科学技术拥有同样悠久的历史，只不过在人类社会发展的早期，科学教育一直从属于社会的文化教育和知识传播，并没有实现真正独立的发展。西方资本主义产业革命的爆发，以及科学技术本身体系化的发展共同促进了科学教育的独立发展。产业革命的爆发，首先使生产领域产生了对科学专门人才和掌握科学技术知识的劳动者的强烈需求，科学技术的体系化则使科学教育逐渐走向专门化的发展道路。

当代科学教育已经拥有了一个庞大的体系，但到目前为止，人们还没有给科学教育提供一个共识性的准确定义。有人将科学教育视为传授科学技术知识、培养科学技术人员的社会活动，也有人将科学教育视为培养科学技术人才、提高民族科学文化素质的教育。科学教育是指，通过现代科技知识及其社会价值的教学，让学生掌握科学概念，学会科学方法，培养科学态度，懂得如何面对现实中科学与社会有关的问题并做出明智抉择，以培养科技专业人才，提高全民科学文化素质为目的的教育活动。也有学者认为，科学教育是一种以传授基本科学知识为手段（载体），体验科学思维方法和科学探究方法，培养科学精神与科学态度，建立完整的科学知识观和价值观，进行科研基础能力训练和科学技术应用的教育。

如果从科学教育拥有的基本特征来看，可以认为科学教育是以科学技术为内容的教育，是通过有组织、有计划的传授科学技术知识、科学探究方法的教育过程和训练活动，促进受教育者获得科学技术知识、掌握科学探究方法、提高知识应用能力、体验和领会科学知识与方法背后的科学思想及科学精神，并在科学技术探究方面获得某种基础能力和进行相应训练的教育活动。当代社会中的科学教育实际上承担着知识传授、能力培养、素质提升等多种重要任务，通过教育过程和教育活动促进受教育者掌握更多的科学技术知识，通过开展科学探究活动和相关训练提升受教育者的相应能力，通过知识和方法教育丰富受教育者对科学技术的认知与理解，提升受教育者的科学素质。在当代科学教育体系中，普及性的基础教育承担的主要是科学技术基础知识教育的任务，而专业化的高等教育更主要的是为社会培养高素质的科技人才。但所有的科学教育都对在社会范围内扩散科学技术知识、提高国民的科学文化素质具有重要作用。

尽管科学教育在平常的语境中让人联想到学校教育，学校教育事实上也的确是科学教育的主体，但当代科学教育早已延伸到学校之外。当代科学教育已经拥有了一个包括多类型、多层次、多模式的校内外教育的庞大体系，其中既有普及性的基础教育、技能型的职业教育、专业化的高等教育，也有在学校内组织实施的正规教育、在学校外组织实施的非正规教育。

科学技术正规教育通常是指利用相对规范的组织形式，通过学校安排的科学课程及相关教学活动实施的科学技术内容教育。学校里的科学教育通常采取有组织、有计划的方式进行，有较为严格的教学要求和教学规范，依托开设的科学课程和教师讲授，组织学生学习预先设计好的内容，具有鲜明的集中化、系统化特点。国内外公众科学素质的大量调查表明，国民的科学素质水平与其所受正规教育的年限相关，受教育程度越高的公众具备科学素养的比例越高。

科学技术非正规教育通常是指在规定的科学课程及教学活动之外，以及由校外机构（如科学技术博物馆、社会化的科学教育机构等）开展的各类科学教育活动。非正规教育通常没有正规教育那样的严谨性和系统性，并且具有类型多样、形式各异、手段灵活的特点，既有依托和利用科技馆、博物馆、动物园、植物园等科普基础设施，组织实施的各种科学教育或科学探究项目，科普或教育组织开展的学生课外兴趣小组活动，也有由社会化的教育机构组织开展的各种技能培训，甚至包括学生自己在日常生活中的科学内容学习（如阅读、看电视）等。非正规教育是对正规教育的有益补充和延伸，且具有独特的教育价值和优势。国外相关研究发现，参加校外非正规科学活动与学生对待科学的态度、对学习科学的热爱程度、深入学习科学的愿望之间呈明显的正相关关系；参与多种校外活动的学生由于有机会运用他们已有的知识在实际生活中进行操练，处理实际问题的能力也比那些没有太多非正规学习经历的学生要强很多。而且，非正规教育通常更侧重启发式的教育方法，重视对学生兴趣和能力的培养，引导学生进行有趣的探究性学习，因而在提高学生的学习兴趣、完善知识结构、促进认知发展等方面具有明显作用。

二、当代科学教育的科学素质转向

人类社会自进入 20 世纪下半叶以后，科学技术本身的飞速发展及其在社会各领域中的广泛应用，推动了一场新科技革命的爆发，不仅使科学技术领域呈现出爆发式增长和群状突破的特征，而且使科学技术成果向生产领域快速转移，促进了生产劳动方式和社会生活方式发生巨大变革，科学技术与社会之间的关系也由此日益紧密。科学技术与社会的这种发展趋势让人们认识到了发展科学技术事业、提高公民科学素质的重要性，也极大地促进了科学教育的理念提升和实践变革。当代科学教育已经认识到，科学教育不仅要承担着培养和造就大批科技专门人才的重任，还要帮助公众提高科学素质。将正规教育与非正规教育有效结合，以面向公民科学素质提高为目标，强调培养学生群体的探究能力，促进公众更好地理解和体验科学等正在成为世界科学教育发展的基本趋势。

近年来，在世界科技发达国家的科学教育领域，正在发生面向科学素质目标的重大转向。美国、英国、法国、日本等纷纷出台科学教育政策文件，积极推进科学教育改革，将科学课程纳入国家教育核心课程，从国家层面制定科学课程和教育标准，并通过实施一系列教学改革实验和行动计划，促进新的学习和教学方式改革，全面提高在校学生群体的科学素养水平。

在世界科学教育改革浪潮中，最具代表性的方案应该是美国"2061 计划"。"2061 计划"是美国科学促进会联合美国科学院、联邦教育部等 12 个机构，在国家科学政策框架下提出的整合科学教育、传播科学技术、提升科学素质的计划。该计划认为，美国已经把"所有学生都具备良好的科学素养"作为一个既定目标，美国的下一代将面临巨大变革，而科学、数学和技术位居变革的核心；学习科学、数学和技术的共同核心应该集中在科学素养上，而不是对各个分立学科的理解；科学教育采用的教学方法必须能反映科学本身的实际，同时还要强调科学教育应当把科学探究作为获取知识和认识世界的一种方法，把获取科学知识、获得科学认识、掌握科学本领作为教育的一个中心部分。

世界各国高等学校都在"大众教育"理念的指导下，积极推进科学教育改革，将科学素养和创新精神作为大学科学教育的基本目标，强调通过大学的科学课程，促进大学生理解科学的本质、科学的价值、科学与社会的关系，以及科学在社会发展中的作用，全面提高大学生对科学技术的认识和理解，提升大学生群体的科学素养。基础阶段科学教育和高等教育对科学素质问题的高度关注与积极实践，已经使当代学校教育成为国民科学素质提升的主阵地和主渠道。

三、科学教育渠道建设

科学教育既包括针对未成年人的科学教育，也包括针对广大普通公众的科学教育与培训，是科技传播与普及的基本渠道，对国民科学素质提升起着基础性的作用。在科学教育的传统理解与实践领域中，学校内的科学教育通常与校外的非正规科学教育界限分明，校外的非正规科学教育被划入教育培训或传统科普的范畴。但从提高国民科学素质的角度来看，学校内的科学教育与校外的非正规科学教育各有优势，在提升科学素质方面都发挥着重要作用，因此正规科学教育与非正规科学教育的结合是非常关键的。科学教育渠道的社会建设应该强调体系化建设，充分发挥正规科学教育渠道和非正规科学教育渠道的各自优势，强调正规科学教育和非正规科学教育的融合，形成优势互补的科学教育体系。

国内外关于公众科学素质的大量调查研究已经充分表明，学校的正规教育在当代已成为提高国民科学素质的主渠道和主阵地，学校的科学教育不仅具有集中和系统的特点，对促进在校学生群体掌握科学技术知识和方法具有极为重要的基础作用，而且由于义务教育制度的普遍建立和实施，接受基本教育已经成为国民的基本义务，包含在其中的科学教育因而也就拥有了重要的全民价值，并成为提升整个国民科学素质最重要的基础支撑。因此，加强正规科学教育建设，积极推进素质教育改革，不仅有助于推动面向青少年和学生群体的科技传播与普及，而且能够为提高整个国民的科学素质奠定坚实基础。

非正规教育在当代已经具有多类型、多模式、形式各异、手段灵活的特点，拥有一个庞大的教育体系。加强非正规教育的渠道建设和非正规教育的体系建设，对推进当代科技传播与普及的发展、提升国民科学素质同样也具有重要作用，特别是需要积极依托各类科普基础设施、基地和社会化的教育培训机构，利用各种非正规教育形式和手段，面向不同对象群体设计更有针对性的教育项目。例如，依托科学普及设施（如科技类博物馆等）与基地（如科普基地），组织开展各种针对未成年人和学生群体的校外课外活动、科学教育项目；依托社会教育机构（如电视大学、职工大学及各种职业技能培训机构），广泛开展面向不同公众群体的科学教育和技能培训；等等。

第二节　设施传播：基于科普基础设施的科技传播与普及

基于科普基础设施的科技传播与普及是指依托科普基础设施而开展的科技传播与普及活动。科普基础设施是开展科学普及活动的场所，主要包括科技类博物馆（如各级科学技术馆、自然博物馆、科学中心、各类科学技术专业博物馆等）、科普教育基地（如水族馆、植物园、动物园、地质公园等），以及科普画廊、科普活动站等。这些科普基础设施既是面向广大公众开展各种科技传播与普及活动的场所和设施，也是面向青少年开展各种科学技术非正规教育的重要平台，在当代科技传播与普及中扮演着重要角色，在公众科学素质建设方面也发挥着重要作用。基于科普基础设施的科技传播与普及主要是通过各种科学技术展览展示活动，以及科学技术实践活动项目来实现，相比其他渠道的科技传播与普及而言，具有鲜明的特点和优势，是当代科技传播与普及的一个重要渠道。

一、科普基础设施的发展及其当代体系

科普基础设施是适应科学技术发展、满足科学技术普及需要而产生的一类特殊设施，其中最具代表性的是科技类博物馆。按照国际博物馆协会（ICOM）对科技类博物馆的定义，科技类博物馆是以自然界和人类认识、保护与改造自然为内容的博物馆。科技类博物馆不仅包括自然博物馆、科技博物馆（包括科普馆、科学中心，在中国通称为"科技馆"）、专业科技类博物馆（如航空、铁道、地质等行业博物馆）、天文馆、水族馆（海洋馆、海底世界）等，还包括动物园、植物园、生态园、热带雨林、自然保护区等。科技类博物馆是通过展示自然、科学和工程技术内容，面向社会公众开展科技传播与普及的博物馆，其科技传播与普及的基本手段是利用博物馆拥有的标本、实物、装置、模型、场景等载体，以及多媒体技术，组织科学技术内容的展示展览，如自然的演化、科学的原理、科技的发展和人类的技术成就等；利用科技类博物馆拥有的科普教育资源，利用科学技术讲座、科学探究活动项目等方式，开展面向公众的科普教育活动，增加公众对科学技术的认识和理解。

根据我国科普工作的实际国情，中国科协等部门还研制生产了科普大篷车、科普列车这类别具特色的流动科普基础设施。科普大篷车拥有车载科学技术展品展示、科学技术普及展板宣传、科学技术影视片播放、流动的科学技术普及宣传舞台等功能，具有机动、灵活的特点，可以用来进行科技展品展示、科普挂图展览、科技影视放映、举办科技讲座和报告会，特别适合面向边远地区的科学普及工作。科普大篷车深受当地居民和公众的热烈欢迎，被誉为"流动的科学技术馆"。科普列车主要是开往西部地区和边远地区，并在沿途举办科学技术普及展览、科学技术普及讲座、农业技术咨询、致富经验传授、医疗技术培训等，所到之处广受欢迎。

二、基于科普基础设施的科技传播与普及

《简明不列颠百科全书》在谈到科学博物馆时曾认为，科学博物馆的任务是以立体形式传达科学精神和思想，引起观众对科学的爱好，提供先进的科学信息，使人看到技术发展的成就，以生态和历史的观点展示自然的进化过程，帮助人们了解并保护自然和人类环境。在《科学技术博物馆的建设标准》中也强调，科学博物馆是一种有效的知识传播媒介，科学博物馆或科学中心的目的主要包括：激发人们对科学和教育的关注，促使更多人对科学、工业和研究产生兴趣；展示应用于生产和人类福利的科学技术；向不同年龄和文化水平的市民普及科学技术知识，增长青年一代的创造才能等。中国科协在制定《科学技术馆建设标准》中，也就科学技术馆向公众普及科学和技术知识、传播科学思想和方法、培养公众对科学技术的兴趣、提高公众的科学文化素质等任务做出了明确规定，包括科技类博物馆在内的科普基础设施是以传播普及科学技术、提高公众科学素质为目的，面向公众开展科普展览、进行科普教育活动的专门设施，是公众学习和体验科学技术的重要场所，科技传播与普及事业的重要组成部分，也是其发展的重要支撑条件。科普基础设施利用科普展品的常设展示、专题性的科普展览、科学技术普及讲座、组织各类科普活动、提供科普服务等多种方式，面向社会公众展示自然的演化、科学的原理、科技的发展和人类的技术成就。普及科学技术知识和方法，不仅激发了公众对科学技术的兴趣和热情，还促进了公众对科学技术的认识和理解。科普基础设施拥有其他传播媒介（如大众传播媒介等）无法替代的传播功能，属于重要的科技传播与普及的传播媒介和传播平台，基于科普基础设施的科学普及是科技传播与普及的基本渠道之一。

基于科普基础设施的科技传播与普及通常包含以下这些重要的传播手段和传播方式。

1. 常设的展示展览与临时的专题特色展览

常设的展示展览与临时的专题特色展览是科普基础设施（特别是科技类博物馆）最常利用的传播手段和传播方式之一。常设的展示展览的展品包括标本、

化石、实物、装置、模型、展板或经过艺术设计的场景等多种类型，通过展品展板来向公众传达科学技术知识，宣传科学方法和科学思想。临时的专题特色展览通常围绕科学技术在某一领域（如基因工程、纳米技术等）或某一热点问题（如转基因作物、转基因食品等）上的科学知识和发展动态。专题特色展览的传播方式具有较高的灵活性，展览主题可以根据实际需要随时调整，展览形式也可以灵活多样，因为集中于特定专题，利于吸引有兴趣的公众，对传播普及相关科学技术知识和科学方法，引导公众对该领域发展的关注和思考具有重要作用。

2. 体验、互动、演示性项目

吸引公众互动参与、增加公众科学体验的重要性现已得到科学普及实践者的普遍认同，组织和设计体验、互动、演示性科学项目因而也成为许多科普基础设施常常采用的一种传播方式。例如，公众可以体验地震现象的"模拟地震"项目、可以参与其中的"模拟飞行"项目，以及可以亲自动手的科学实验、可以动态演示某种科学现象的演示项目，往往对公众具有极高的吸引力，这些项目不仅可以极大地增强公众对科学现象和技术过程的直接感受与直观理解，而且可以增加公众的科学体验和科学兴趣。

3. 组织科学探究性活动

高等学校、科研院所等通过组织科学探究性活动吸引公众对科学的参与，利用科学探究性活动项目促进科学技术的普及与传播。例如，组织少年儿童和在校学生进行模型展品制作、科学标本收集、野外科学考察、地方科学调查、兴趣活动小组等；甚至组织普通公众参与类似于"公民科学计划"的研究项目中，与科学家一起监测环境、观测天象、收集天气信息等。这类科学探究性活动项目通常具有很强的参与性、体验性、互动性、探索性，在促进公众理解科学方面可以起到综合的传播效果。公众参与其中不仅可以学习许多科学知识、增加对科学重要性的理解，而且可以体验科学研究的过程，提高对科学研究方法的实际认识。

4. 组织群众性科普活动

科普基础设施及其机构往往也是群众性科普活动的积极参与者、动员者或组织者。他们积极利用自己拥有的资源和条件，组织面向公众的科学普及活动，如组织科学电影放映活动、科技热点话题报告会、科学技术会展、社区科普主题活动，举办科学技术讲座、科学课程或技术培训、科技知识竞赛活动、医疗健康咨询活动等，通过参与或组织这些科普活动，面向公众传播普及科学知识和技术知识。科普基础设施参与或组织的这些科普活动通常具有较强的参与性和互动性，在帮助公众获得科学技术知识、促进公众了解科学技术的发展、提升公众理解科学的水平等方面发挥着重要作用。

当然，这仅是就科普基础设施的主要传播手段和传播方式而言。随着科学技术传播普及工作的开展及科普基础设施本身的发展，科普基础设施的传播手段还会不断增加，传播方式也会不断创新。即便如此，我们也可以看到基于科普基础设施的科技传播与普及的鲜明特点及其传播的特有优势，与利用报纸、电视、网络媒体的科学普及相比，尽管科普基础设施的"可接近性"方面稍差，科普展览展示也不是天天都能看到，但基于科普基础设施的科学普及具有生动直观、形式多样、内容丰富、集中系统的特点，并且拥有较强的亲和力和影响力，可以通过公众的感受、体验、参与，产生综合性的传播效能和教育效果，能很好地促进公众获取知识、接触科学，从而提高对科学技术的兴趣和热情，提升公众对科学技术的理解和认识，因此在公众科学素质建设中具有非常独特的功能和价值。

在科技类博物馆这类最具代表性的科普基础设施身上，这种独特的功能和价值体现得最鲜明。无论是重视标本、化石、实物收集、制作、研究、展览，并以展品陈列和展览展示为主的传统型自然历史博物馆，还是倡导观众亲自动手、直接体验和互动参与，集科学技术普及、传播、教育、理解、探究、休闲多功能于一体的现代型科学技术馆和科学中心，直观生动的展览展示、集中系统的知识传播、可以让观众参与和沉浸其中的传播特点，都能将枯燥抽象的科学技术知识以生动直观的形式展现出来，既能普及科学技术的基础知识，也能传播科学的方法与思想；既能激发公众的科学兴趣，也能促进公众对科技问题的思考和理解；既能展示科技发展的前沿动态，也能增加公众对科学的直接体验。特别是，其中的互动、体验、参与性项目和活动，能够让观众参与其中、寓教于乐，可以使观众在快乐中获得高水平的心理体验，有助于实现"快乐科普"，并通过"快乐科普"促进公众对科学的理解。

三、设施传播渠道的建设

建设基于科普基础设施的科技传播与普及渠道的基础是大力加强科普基础设施的建设。科普基础设施是面向社会公众进行科技传播与科普教育的重要场所，是国家科技传播与普及资源的重要组成部分，也是国家科普水平的重要标志和国家科普能力建设的基础环节，首先，科普基础设施建设要加强科技场馆建设，通过新建、改建和扩建等方式，建设布局合理、管理科学、运行规范、符合需求的一大批科技场馆。科技场馆是科技传播与普及的主阵地，在科普基础设施体系中具有特殊的重要地位，是科普基础设施建设的重点。其次，动员社会科普资源，加强科普基地的建设。通过规范科普基地制度、严格科普基地标准，强化科普基地的科普教育功能，同时促进拥有科学技术丰富资源的高等学校、科研院所和科技企业加大开放力度，积极利用现有设施开展科普活动，让高等学校、科研院所和科技企业为科技传播与普及事业做出更大贡献。最后，利用科普活动站、科普活动室、科普宣传栏、科普画廊及科普大篷车等各种形式，建设面向城乡基层的科普基础设施和社区科普基础活动场所，特别是要加强贫困地区、边远地区和西部地区、少数民族地区的科普基础设施建设。

鉴于科技类博物馆（包括自然历史博物馆、科学技术馆、科学中心等）拥有特殊的科技传播优势和科普教育功能，在科普基础设施体系中能够发挥重要的"旗舰"作用，因此在科普基础设施建设中，科技类博物馆建设应是"重中之重"。近年来，随着我国社会经济不断发展、人民生活水平不断提高，以及国家积极实施科教兴国、建设创新型国家等重大战略，特别是随着《中华人民共和国科学技术普及法》《全民科学素质行动规划纲要（2021—2035年）》的先后颁布，我国各级政府对科学普及工作的重要性有了更高认识，科技类博物馆事业进入快速发展轨道，各地也出现了建设科技类博物馆的新热潮。我国共建成并开馆的科技类博物馆总数达618座，其中自然史类博物馆有165座、科技馆有240座、专业博物馆有105座。科技类博物馆基本覆盖了全国主要城市，已经初步形成了一个面向公众科普教育的科技类博物馆体系。

我国科技类博物馆在总体规模、发展布局、办展水平、办馆理念、经营效果等方面还存在着许多亟待解决的问题：总体数量偏少，地区布局不合理，地区之间不平衡，学科结构不均衡，水准参差不齐，特别是西部地区较东部地区有较大差距；许多博物馆的科普教育理念、展示理念还比较落后，策划设计意识不强，创新型展教资源数量不多，展览模式落后单一，展品缺乏创新，展教活动较为刻板，对公众的吸引力不够，对发展迅速、公众兴趣强烈的天文科学、生命科学、材料科学、信息科学、生态环境等学科领域的最新成就展示不够等。因此，在我国科普基础设施建设过程中，除了要在科技类博物馆的数量、规模、布局建设方面持续加大建设力度，亟须借鉴国际博物馆的成功经验和做法，更新展览展教理念，创新科普传播模式，强化策划设计意识，引进先进的展教技术，吸引公众的主动参与，强化公众的科学体验，激发公众的科学兴趣，全面提升科技类博物馆的综合科普教育效果。

我国科技类博物馆的建设需要借鉴国内外成功的经验和做法，除了在硬件建设和技术手段更新方面加大力度，尤其需要更新展览展教理念，创新展览展教模式，强化策划设计意识，引进交互式展教方式，吸引公众的主动参与，强化公众的科学体验，提升综合科普教育效果；同时，需要积极组织各类兴趣活动小组，开展面向青少年的科学探究项目，举办科学讲座、科学表演、科学竞赛、科学营、户外活动、讨论会等，开展丰富多彩的科普服务活动，要有主动走出馆门、走进学校、深入社区的办馆理念，发挥自己的独特优势，为科技传播与普及事业做出更大贡献。

第三节　媒体传播：基于传播媒体的科技传播与普及

科技传播与普及的基本任务是面向数量巨大的社会组织和社会公众，促进科学技术的社会扩散和公众对科学技术的分享。要完成这样的任务，科技传播与普及需要利用合适的传播途径和传播媒体。在当代科技传播与普及中，包括报纸、杂志、图书、广播、电影、电视、互联网在内的传播媒体都扮演着十分重要的角色，它们将科学共同体和其他专业组织生产出来的科学技术知识与信息，转换成适合媒体表达的语言和公众理解的信息，传递给分布于社会各界的媒体受众。传播媒体是联系科学技术与社会组织、公众群体的一条重要纽带，也是科技传播与普及的一种基本渠道。

一、传播媒体及其与科学的特殊关系

自 19 世纪后半叶，科学技术"义无反顾"地走上专业化的发展道路、科学普及问题受到社会的广泛关注以来，传播媒体就始终在科技传播与普及中扮演着重要角色。热心于向公众宣传普及新科技的科学家、发明家、科学普及者不仅经常发表科学演讲、进行科学演示，而且经常为杂志和报纸撰写介绍新科技的通俗文章。当时的报纸也经常刊登与科学技术相关的新闻，从科学知识新发现到新奇的技术发明，从地震到实验室爆炸，都会成为报纸新闻的重要素材。无论是科学家和发明家对传播媒体的利用，还是传播媒体对新科技内容的报道，他们最初的动机都是相对单纯的，科学家是为了获取公众支持而利用媒体宣传科学，媒体是为了吸引公众注意而将科学作为报道内容，但二者共同的结果是让公众及时了解各种新奇的发现与发明，丰富公众的科学技术知识。

在 19 世纪，传播媒体在科学普及中扮演的只是一个配角，科学家、发明家、科学普及者才是主角。但传播媒体与科学家的这种身份在进入 20 世纪以后发生了重大转变。首先，随着科学研究的不断职业化致使科学家开始遇到来自专业研究的巨大压力，科学家越来越难以分心来面向公众的直接传播，而且越来越专业化的知识也使科学家在对面向公众通俗讲解科学时感到"力不从心"，于是科学家开始慢慢退出公众传播的第一线；其次，随着科学技术在社会生活中的重要性不断增加，传播媒体开始越来越关注科学技术的内容，专职科学记者和编辑逐渐发展成了一个专门的职业，传播媒体也开始走到面向公众传播科学的台前，在科技传播与普及方面承担了更多的任务。

在当代科技传播与普及中，包括报刊、广播、电视、网络的记者、编辑在内的媒体从业人员正逐渐扮演着直接而重要的角色，各种传播媒体甚至走到科技传播与普及的中心位置，成为科技传播与普及的一大主力。传播媒体能够在当代科技传播与普及中占据重要地位，是与许多复杂的原因联系在一起的。譬如，由于科学技术的职业化和专业化发展，科学技术研究越来越"封闭"于科学技术系统中，科学技术正逐渐远离普通公众群体，公众群体也越来越难以通过直接参与科学事务而了解科学技术，这就导致建立了一种联通科学与公众的通道和桥梁的社会需要，承担社会传播任务的媒体自然就成了联通科学与公众的"第三方"。

更重要的原因是，在面向公众的社会传播方面，传播媒体拥有一系列特有的优势。首先，传播媒体掌握着面向公众的传播工具，可以快速且大批地复制传播内容。其次，拥有高度组织化、专业化特征的传播媒体，可以利用拥有的各种资源广泛汇集、加工信息，专业快速地制作、发布信息，大批量生产、传播信息，影响范围可以覆盖数量极大的社会成员。再次，传播媒体掌握了一整套的传播技术和传播技能，熟悉面向公众的传播语言和传播技巧。最后，现代社会结构中的传播媒体事实上也是社会信息传播网络的重要"集汇点"和社会传播关系的"集结点"，既为社会的信息消费者建构了一个内容丰富的"信息大市场"，也为社会的各类组织和群体提供了一个重要的传播平台，无论是政府部门、工业机构进行对外信息传播，还是公众群体表达自己的观点意见，都会利用传播媒体这一平台。

二、传统媒体的科技传播与普及

20 世纪可以被称为"大众媒体的时代"，大众媒体获得了巨大发展，首先，报纸、广播实现了普及，对社会的政治生活和公众的个人生活产生了巨大影响；其次，电视进入千家万户，并成为公众社会生活的一部分；最后，出现了基于计算机联网的互联网媒体，最终将人类社会带入信息化时代。如今，大众媒体对整个社会的政治、经济、文化及公众的学习、工作和生活都产生着广泛影响，高度依赖传播媒体的信息传播已成为当代社会运行的一种基本特征，接受传播媒体的"信息轰炸"也已成为当代公众的一种生活方式。科学技术系统自然也无法逃脱被媒体不断渗入的命运，无论是在科学技术知识的传播普及中，还是在科学技术话题的社会争议中，都可以看到传播媒体活跃的身影。

按世界各国对传播媒体的基本认识，人们将传播媒体区分为印刷媒体、广播媒体、影视媒体和电子媒体等基本类型，不同类型的传播媒体各有不同的特点传播优势。譬如，以图书、期刊、报纸为代表的印刷媒体具有便携性和易存性的优点，读者一旦拥有就可以很好地保存下来，随时随地阅读其中的信息内容；读者拥有阅读的主动权，可以自由地选择阅读的时间和地点。当然，印刷媒体也有内在的缺陷，一是媒体的制作和印刷会有特定的时间周期，通常时效性不强；二是印刷媒体通常对读者的文化程度有一定要求，读者需要具备相应的识字和阅读能力。

1.印刷媒体

在科技传播与普及的范围内，印刷媒体一直都承担着重要的职责，例如，印刷的有科普图书、科普杂志和科学技术类报纸。图书作为一种有着悠久历史的传统媒体，从来都是传播和普及科学知识的重要载体，为无数公众普及了科学知识，将无数普通人引入科学的殿堂。哥白尼的《天体运行论》、维萨里的《人体的构造》曾引发了科学革命，布鲁诺的《论无限、宇宙和诸世界》、伽利略的《关于两大世界体系的对话》曾传播了科学革命的思想，牛顿划时代的巨著《自然哲学的数学原理》则让人们迈进了近代科学的世界。我国数学家华罗庚的《优选法平话》和《统筹法平话》，使深奥的数学理论成为"千人万人的应用数学"，在生产实践中发挥了重大作用，成为我国科普史上的创举和典范。被誉为"爱因斯坦以来最杰出的科学思想家和物理学家"史蒂芬·威廉·霍金的《时间简史》，虽然被有些学者怀疑没有多少受众能够真正读懂，但在全球上超过千万册的销量，已经让许许多多的人了解了宇宙起源、大爆炸、黑洞、反物质，也让人了解了霍金这位充满传奇色彩的物理天才的科学精神及其独特的人格魅力。

科普期刊是科技传播与普及领域另一类重要的印刷媒体，无论是在世界范围内，还是就我国而言，科普期刊都曾在传播普及科学技术方面发挥过极其重要的作用。20世纪之初，我国一批科学前辈为了传播科学而创办了《科学》杂志：在向科学技术相对落后的中国传播现代科学知识、宣传科学思想和方法，以及激发大众对科学技术兴趣方面产生过广泛的影响。

报纸是印刷媒体中最具代表性、影响最广泛的媒介。报纸传播周期短、传播速度快、信息密度大、传播范围广，既经济又实惠，因而成为公众接触频率最高的媒体。就科技传播与普及而言，报纸媒体中既有像《科技日报》《科学时报》这类综合性科技报纸，也有像《中国化工报》《中华建筑报》这类面向特定行业和产业的专业报纸。其他非科技类的报纸（如《人民日报》《光明日报》等）绝大多数也设有专门的科技栏目，科学技术内容在报纸媒体的报道内容中的比重也在不断增加。报纸媒体实际上是一个具有综合特点的传播平台，传播的科技内容涉及科学技术知识、科学技术发展、科学技术政策、科学技术人物、科学思想和方法、科学技术问题讨论等各个方面，是公众获取知识、了解发展、理解科学的重要渠道。

2.广播媒体

广播媒体是利用通过无线电波或导线传送声音的新闻传播媒体，包括无线广播和有线广播两种类型。广播媒体最突出的优势是传播速度快，覆盖范围广，具有即时性的特点。首先，广播媒体借用无线电波或导线传送，瞬间即可把信号传到所及的广大地区，因而可以造成广泛的影响，甚至可以实现对突发性新闻事件的同步报道。其次，由于广播媒体使用声音和语言符号传播信息，能适应各种文化程度的受众，有独特风格的主持人可以利用特定的音质、语气、谈吐，对听众形成类似于面对面交谈一样的吸引力和亲和力。最后，广播媒体可以利用音响音效与语音语调制造出高"仿真"现场效果，形成极强的现场感和感染力。哥伦比亚广播公司播出了根据英国科幻小说家威尔斯的小说改编成的广播剧《火星人入侵地球》，形成的逼真效果曾使100多万人信以为真，以为外星人从天而降，从而陷入极度恐慌，甚至有人要举家逃难。

广播媒体具有的这些独特优势曾使广播成为拥有独特魅力、影响广泛的传播媒体。但广播媒体的缺点也是显而易见的，如声音的传播转瞬即逝，难以保存，而且听众只能按照顺序收听，无法选择。广播媒体曾经在科技传播与普及方面做出过重要贡献，我国广播电台陆续播发科普文章，广播曾是那个时代人们接收信息的重要渠道。特别是，在广大农村、边远地区、经济不发达的地区，广播在传播农业生产知识、推广实用技术等方面发挥了特殊而重要的作用。

随着电视媒体的不断普及，广播的作用虽然有所下降，但制作良好的科普节目仍然会赢得大量听众。美国的《动态城超级乘务员》广播系列科普节目每周播出1次，有200万名儿童收听。广播媒体还有另外两个很重要的优势：一是接收广播信号的收音机成本低廉、携带方便；二是听众在收听广播节目时只使用听觉，并不妨碍他们同时做其他相对简单的事情。因此，在户外环境下、在流动场合中，针对特定人群（如青少年、老年人等），广播媒体仍然可以发挥重要作用。

三、网络媒体的科技传播与普及

网络媒体是随着互联网的发展和普及而进入传播媒体行列的。互联网的最初动议虽然与冷战时期的国防需要有关，但很快便发展成为重要的信息传播媒介，在社会传播领域得到极为迅速的扩张与发展。在20世纪的传播技术发展中，互联网可以说是最后也是最具革命性的技术成就，各种传播新技术的综合运用打造出了一种可以联通世界的、全新的信息传播平台，把人类传播推进到一个新的发展高度。联合国新闻界提出了所谓"第四媒体"的概念，认为互联网集报刊、广播、电视等媒体的优势于一身，以超媒体方式组织信息、跨越时空、双向交互，使几乎所有传统媒体都受到不同程度的挑战。互联网的发展与普及已经开始将人类传播带入网络传播时代，也给科技传播与普及的发展带来了巨大影响，促进了科技传播与普及的发展，推动了科技传播与普及的模式变革。

互联网实际上是现代计算机技术与通信技术紧密结合的产物。互联网是由许许多多的计算机在通信协议的控制下，通过通信系统相互联结而构成的网络，不同计算机之间可以通过这个网络实现相互之间的多通道通信和资源共享。互联网比任何传统的媒体平台都具有更大的开放性，大到可连接世界上所有的通信系统和计算机信息系统，形成跨越国界的、全球性的便捷新型媒体，让整个世界变成"地球村"。随着互联网的高速发展和迅速普及，越来越多的社会组织和普通公众成为互联网"网民"。互联网也对社会的各个层面产生了广泛影响，政府部门利用它发布国家政策，公司企业利用它开拓市场，科研机构利用它在全球范围内开展学术交流，教育机构利用它进行远程教育，大众媒体利用它传播新闻，普通人也在利用它获取各种信息。

从传播媒体的角度来看，互联网最重要的特性也许是它的综合集成性。在传播技术方面，互联网的技术基础并不是某种单一技术，而是综合集成了现代通信技术、数字化技术、计算机技术等许多相关技术，技术的综合使互联网拥有了许多重要功能；在传播内容方面，互联网平台可以同时连接众多的网站与网页，集成新闻性、知识性、娱乐性等各种内容，网民可以获得来源不同、内容不同的各种信息；在信息处理方面，互联网可以利用多种技术，将信息的汇集、检索、处理、加工、传送集于一身，构建一个信息承载、服务、传播的一体化信息空间，从而成为世界上最大的信息资料库和"图书馆"；在传播类型方面，互联网可以承载点对点的私人交流（如电子邮件和聊天室）、点对面的大众传播（如各种机构网站或新闻网站），可以成为点对群的私人媒体（如博客）、多点互动的群体平台（如论坛）以及面向大众的公共媒体。正是由于这种综合集成性，互联网不仅拥有了强大的信息传播能力，而且可以发展出多种传播方式和传播类型，在社会中扮演不同的角色，服务于社会的不同领域。

互联网不仅给社会的信息传播提供了超越并扬弃人际交流和大众传播的新模式，以及继承并综合了图书、报刊、广播、电视等媒体优点的新媒体，而且打造了一个能够集成多种传播方式的新平台，实现点对点、点对面及多点交叉、网络互动的多种传播交流。互联网促进人类传播实现了重大的革命，对信息传播的传统体制、流程、模式给予彻底改造。利用传统媒体的信息传播是"以媒体为中心""以传播者为中心"的，媒体组织拥有绝对的控制权。基于互联网的网络传播则具有信息来源多元化、信息内容巨量化、"把关人"地位严重弱化的特征，这有助于实现"多中心点"的传播、"以受众为中心"的传播、"以受众需求为导向"的传播，以及"传播者和受众共同主导"传播格局的建立。互联网在技术层面具有的开放性，可以使之很容易与电信网、广播电视网实现"三网"融合，从而发展出各种全新的媒体形态（如数字报纸、移动电视等），并将各种固定的和移动终端设备（如电脑、手机等）纳入传播大系统，形成各式各样的新媒体大家族，使人们能够随时随地接受传播、参与传播。

第四节　活动传播：基于群众性科普活动的科技传播与普及

科学技术与社会的快速发展，公众对科技传播与普及需求的不断增长，政府部门对科技传播与普及的积极引导和大力支持，科技团体、教育机构、大众传媒、企业、社区等社会各方面的广泛参与，为科技传播与普及的发展提供了复合动力，促进了当代科技传播与普及事业的繁荣，使其在内容方面更加丰富多彩，在活动形式方面更加灵活多样，在传播渠道方面也逐渐形成了科学技术教育、科普基础设施传播、传播媒体传播、群众性科普活动等基本渠道。当代科技传播与普及正在利用这些多样活动、多种渠道，将科学技术知识、科学方法、科学思想、科学精神，输送给各类社会组织和不同群体，影响了社会组织的发展理念、组织行为，改变了社会公众的思想、观念、行为，有力地支撑并推动了科学技术事业和公民科学素质建设的发展。

科技传播和普及渠道是科技传播与普及系统的基本要素，承担着传递科技传播与普及内容要素的任务，发挥着联结传播者与受众的作用。科技传播和普及渠道的建设对科技传播与普及事业发展具有举足轻重的地位及作用。近年来，在我国，国家和政府也充分认识到科技传播与普及渠道建设的重要性，采取了不少推动渠道建设的重点措施，促进了我国科技传播与普及事业的繁荣发展，也为我国公民科学素质建设工程奠定了坚实基础。

科学技术传播与普及工作在世界范围内普遍受到重视，许多国家把科技传播与普及纳入国家科技政策，并通过政府的政策、组织、资助和动员，吸引科技团体、专业组织、大众传媒、企业、大学、科研机构参与科学普及的活动中。政府部门、科技团体积极组织群众性的科普活动，例如，科技节、科技日、科技活动周、科技活动月等。专业组织、大众传媒、企业、大学、科研机构也积极参与如"国际海洋年""国际天文年""世界人口日""世界环境日""世界地球日"等世界性活动，开展面向公众的科学技术普及与宣传活动。这类群众性科普活动往往普及色彩浓厚、科技主题鲜明、社会关注度高、公众参与面广，对公众获取科学技术知识、提升科学素质水平有重要的作用，也极大地带动了社会各界对科普工作的参与热情，对整个社会的科普工作也起到了良好的示范作用，成为科技传播与普及的一个重要渠道。

一、群众性大型科普活动

群众性大型科普活动是政府部门、地方政府、科技团体有组织有计划、集中开展的科学技术普及活动，通常固定在某一时间段、集中某一科技主题。通过组织展览展示、科技传播、科普培训、科技服务、科技宣传等系列活动，面向整个社会，某些社会群体或特定行业的从业者广泛宣传、传播、普及科学技术知识。在群众性大型科普活动中，影响最大的是政府部门出面组织、动员社会各界广泛参与的科技活动周活动。这类大型科普活动往往是由政府部门积极动员，科技团体、大众媒体、高等院校、科研机构、相关企业、各类科普基础设施积极参与，而且活动内容丰富，有科普展览、科普报告、专家咨询，甚至科技游园会、科学实验室对外开放等各种活动形式，很好地结合了社会发展需要和公众知识需求。因而，群众性大型科普活动往往具有声势浩大、影响广泛、公众广泛参与的特点，能形成一种有效的社会动员机制，扩大科学技术的社会影响，提高公众对科学普及的关注。

科技活动周最早出现在日本，因其声势浩大、影响广泛，所以被越来越多的国家借鉴和采用。国家的科技活动周都搞得有声有色，国家首脑或政府要员发布公告或致信，邀请科技名流和专家学者参与活动；科技团体、科普场馆、研究机构、大学、企业积极主办专题活动；活动场所往往扩展到大中小学校、研究机构、企业实验室、图书馆，甚至是普通百姓经常光顾的大型超市；活动项目和活动形式也异彩纷呈，有科技讲座、影视放映、科技演示、科技集市、实验室开放等，也有不少科技动手活动。在整个科技活动周期间，可能会举办数百甚至达数千项不同形式的科普活动。

英国作为世界近代科学的重要发源地，科学界一直重视科学普及活动。英国政府发表的科技白皮书《实现我们的潜力》，明确提出了科学普及政策的两大目标：一是激发青少年对科学技术的兴趣，吸引更多优秀青少年追求科学技术职业；二是提高公众理解科学技术的水平，使公众能参与科技领域公共议题的辩论。

我国政府部门和科协系统同样也举办了许多群众性大型科普活动，拥有开展群众性科普活动的丰富经验。目前，在我国几十座大中城市中，每年都会有定期举办的大型科普宣传活动，如科技周、科普日、科技节、科技活动月等活动，以及利用"世界人口日""世界地球日""世界环境日"等国际性纪念日开展的主题科普宣传活动。科技周、科技活动月、科技之春、科普之冬、科普之夏等一些群众性大型科普活动在我国也有一定的传统，绝大部分省、市都根据本地特点在每年的一段时间内集中开展各具特色的科普宣传活动。这些大型科普活动一般都有明显的宣传声势，能引起社会和公众对科学技术的关注，对增强公众的科技意识、激发公众学科学的热情起到了良好作用。

在我国举办的各类群众性大型科普活动中，拥有最广泛影响的活动首推科技活动周和全国科普日。科技活动周近年来的活动内容主要是围绕全民科学素质行动，宣传"加强自主创新、建设创新型国家"的国家战略，突出"节约能源资源、保护生态环境、保障安全健康、促进创新创造"的主题。近年来，科技活动周规模不断扩大，受益公众持续增长，社会影响力日益提升，调动了科技人员进行科技传播的积极性，加强了公众对科学技术的学习和理解。据不完全统计，科技活动周自举办以来先后在全国各地组织开展了近2亿项各具特色的科技类活动，参与公众人数达1亿人次。

全国科普日活动是中国科协主办的一项群众性科普活动。在全国科普日活动期间，中国科协通常会召开盛大的科协年会，科协所属的各大学会都积极参加北京主场的活动，各地各级科协也结合当地实际举办各具特色的科普活动，科普大篷车也会深入偏远地区进行科普宣传。全国科普日活动在近些年先后围绕"节约能源资源、保护生态环境、保障安全健康、促进创新创造"的主题，组织了"节能减排，从我做起"，"保护生态环境，坚持科学发展"，"坚持科学发展，创新引领未来"，"走近低碳生活，坚持科学发展"等主题活动，活动规模不断扩大，活动内容日益丰富，活动形式追求创新，较好地满足了公众多样化的科普需求。

二、形式多样的其他科普活动

除上述由政府部门、地方政府、科技团体出面组织的群众性大型科普活动外，无论是在国外还是在国内，还有许多由高等院校、科研院所、专业机构、科技学会、科普组织等机构出面组织的各种群众性科普活动。这类科普活动通常形式多样、类型各异，甚至包括公园组织的科技游园会等，影响范围虽然不及群众性大型科普活动广泛，但在科学普及和技术推广方面起着非常重要的作用，是群众性科普活动的一种重要类型。在英国，近些年就有越来越多的专业学会和地方学会非常热心于利用这类形式开展科普工作。例如，英国工程理事会组织的"英国青少年工程师"竞赛就颇具影响，每年都有近千名 11 ~ 19 岁的青少年参加；该委员会还推出过"社区工程师""妇女进入科学与工程""开启工程之窗"（让青年工程师和技术人员到学校去，以亲身经历向学生讲述工程职业的乐趣）等多种计划。皇家化学协会则在全国范围内组织面向青年学生的化学竞赛等活动，协会的地方组织也很热心到学校举办各种形式的化学讲座活动。

这类形式多样的群众科普宣传活动在我国同样丰富多彩，并在潜移默化地提高人们的科学素质方面产生着重要作用。例如，近些年各地广泛开展了面向农村的实用技术培训，许多学校都设有"三模一电"（航模、船模、车模和无线电）科技兴趣小组，面向青少年的还有"科技传播行动""科技夏（冬）令营"等活动。另外，"科技下乡"活动在广大农村地区也产生了广泛的影响。"科技下乡"是我国政府推进的"三下乡"（文化下乡、科技下乡、卫生下乡）活动的重要组成部分，"科技下乡"包括科技人员下乡、科技信息下乡，各地政府部门、科协组织，组织动员广大科技工作者到农村地区开展农业科学技术普及活动、进行农业技术培训，为科技兴农做出了重要贡献。

值得一提的是，我国近些年在围绕社会热点问题开展"热点科普"、结合突发事件开展"应急科普"方面取得了重要进展，也取得了良好的科普教育效果。为积极响应国家提出的"节能减排"号召，包括中国环境科学学会在内的许多相关学会、科研机构积极开展了环保科普系列活动，生态环境部还会同教育部、全国妇联等部委在全国范围内开展创建绿色学校、绿色家庭、绿色社区等系列活动。

结合突发事件开展主题科普活动近年来在我国也异常频繁。中国气象局等部门紧急组织编印了《抗震救灾减灾气象实用手册》、《震后气象灾害防避指南》、《气象及其衍生灾害防御实用技术》及灾害防御挂图近10万册发往四川等地震灾区，中国科协也紧急制作了防震减灾系列广播节目在电台播出。为加强核科学技术知识的普及，形成正确的舆论导向，政府部门通过媒体报道、专家访谈等各种途径，向公众宣传相关知识，消除公众的恐慌心理。中国科协也发出紧急通知，要求所属学会和地方科协广泛开展核科学技术知识科普宣传，通过大众媒体和基层宣传阵地，及时开展专家访谈、科普讲座等科普活动。

由于我国公众（特别是广大农村地区的公众）科学知识水平相对较低，群众性科普活动更多体现为基础科学技术知识的普及，更关注与民生国计密切相关的科技内容。但无论是声势浩大的群众性大型科普活动，还是日常性的、应急性的其他科普活动，都具有鲜明的公众参与特征，吸引了公众的广泛参与，满足了公众的科普需求，在提高公众科学知识水平、提升公众科学素养方面起到了巨大作用。群众性科普活动已成为科技传播与普及的重要渠道，群众性科普活动的持续开展在我国全民科学素质建设中将会产生更大作用。

科技传播与普及渠道建设对公民科学素质建设具有重要的价值，建设高效多样的科技传播与普及渠道对实现科技传播服务的公平普惠也有重要作用。在推进科技传播与普及事业发展的过程中，社会（特别是政府）不仅要建立有效的动员机制，引导社会各界的共同参与，而且要大力加强渠道建设，发挥各渠道的优势作用，促进各种渠道之间的集成协同。科技传播与普及事业发展、公民科学素质建设不可能只是依靠单一的渠道，相对于公民科学素质建设目标而言，任何渠道本身都存在着不同方面的局限和不足，公民科学素质建设的一个重点任务是促进各渠道的相互配合和集成协同，形成协同配合的有效机制，组成一个高效运作的大系统，从而发挥整体协作的功能。只有有了科技传播多元主体的良好合作、多种渠道的有效协同，才能充分调动和集中社会的资源，共同促进科技传播与普及事业的发展，推动科学素质建设工程不断进步。

第二章 科技传播与普及的基本结构

科技传播与普及利用适当的方法、媒介、活动，促进科学技术在社会中的广泛传播以及公众对科学技术的共享，属于人类传播现象的一个特殊分支。科技传播与普及虽然看起来比人类社会中的其他传播现象要简单，传播的内容似乎更具"单义性"，传播的目标似乎也更加单纯，但是，对公众理解科学以及科学素养的研究表明，科技传播与普及不仅会受复杂因素的影响，也会涉及复杂的传播关系。本章将对科技传播与普及的基本结构进行研究论述。

第一节 传播学家对传播结构与模型的理解

所有的人类传播现象都具有结构性、过程性、系统性的特点，都由一些结构要素组成，包含一些过程环节，并执行信息扩散的社会功能。对于传播研究来说，析出其中的基本要素、结构、传播关系，并在此基础上研究其系统功能和复杂规律，是传播学理论建构的基本逻辑。为进行结构分析和过程研究，传播学家引进了模型方法和传播模式的概念。模型方法是研究复杂现象的一种基本方法，可以帮助人们通过对复杂现象的适当简化来把握现象中的基本关系。传播模式就是传播学家利用模型方法为传播现象建立的简化模型。传播学史上出现过许多不同的传播模型，包括揭示传播结构与过程的传播模型、强调互动与系统特点的传播模型等不同类别。

一、传播现象的结构与过程模型

谈到传播学的传播模型，首先应提到拉斯韦尔的"五W模式"。拉斯韦尔的"五W模式"是传播学发展史上最早产生的一个结构模型，不仅具有重要的开创性意义、奠定了传播学独立的基础，而且在相当长时间内引领了传播学的发展，促进了传播学基本研究领域的形成与发展。

"五 W 模式"最初形成于 1939—1940 年，但直到 1948 年才正式在《社会传播的结构与功能》一文中发表。在拉斯韦尔看来，传播现象包括谁（Who）、说什么（Says What）、通过什么渠道（In Which Channel）、对谁说（To Whom）、取得什么效果（With What Effect）这五个方面。英国传播学家 D. 麦奎尔（Denis Mc-Quail）后来按照一定的结构顺序对这五个方面进行排列，便成为著名的"五 W 模式"。

"五 W 模式"简明而清晰地概括了传播过程的五个基本成分：传播主体、传播内容、传播渠道、传播对象和传播效果，在传播学史上第一次将人们每天都在进行却又难以解释清楚的传播活动从结构上做了分析，为人们理解传播过程提供了重要的基础和出发点。"五 W 模式"最重要的理论价值在于明确了传播现象的基本要素，对复杂的传播现象进行了结构性的解剖。"五 W 模式"曾在很长时间内左右着传播学发展的基本方向，之后的传播学研究就是在"五 W 模式"的基础上确立了自己的研究领域和基本框架。这一框架包括五个基本方面：控制研究、内容分析、媒介分析、受众分析及效果分析。

拉斯韦尔用一句最简洁的话道出了传播现象的实质，让人们对纷繁复杂的传播现象有了清晰认识，现如今学习或研究传播学的人无不是因为这句话而记住了他。事实上，正是因为这一句话包含的重要思想与理论方法，使作为政治学家的拉斯韦尔成了传播学的先驱者之一。"五 W 模式"在传播学发展史上是一个重要的里程碑，成为传播学最早和最基本的一个研究范式。虽然过去了几十年，但是"五 W 模式"至今仍发挥着重要影响。关于传播现象的许多研究，特别是那些实证性的研究，似乎很难绕过这一模式确立的研究框架。

当然，对"五 W 模式"的批评也从来没有停止过。例如，有学者就批评"五 W 模式"忽略了传播过程中的目的和环境要素，没有考虑到传播是为了何种目的而进行、在什么环境中发生的，也忽略了传播过程之外的社会系统对传播的影响。苏联学者布雷多克就在"五 W 模式"的基础上增加了"传播现象发生的具体环境（在什么情景下）"和"传播者发送信息的意图（是什么目的）"这两项因素，将"五 W 模式"发展成了"七 W 模式"。对于揭示传播过程的构成要素而言，"七 W 模式"比"五 W 模式"更符合现实中传播现象的实际，因而在与传播现象相关的许多研究领域（如教育传播、科普教育等）得到了广泛应用。还有一些学者批评认为，"五 W 模式"将传播现象简化为一个单向的直线模式，没有提供一条反馈渠道，也没有揭示传播中的双向性和互动性，而且"五 W 模式"似乎暗示任何信息的传播总是有效的，这可能会无意中导致人们过高估计传播效果的倾向。基于这样一些考虑，后来的传播学家（如施拉姆、马莱兹克等）建立了突出强调互动性、系统性的传播模式。

传播学史上另一个著名的结构与过程模型是香农（Claude Shannon）和韦弗（Warren Weaver）基于信息传输研究而提出的"香农—韦弗模式"。香农是信息论及数字通信理论的奠基人，被尊称为"信息论之父"。他与同事韦弗提出了描述信息传输过程的一个模型。在这个模型中，信息传输被描述为一种线性的单向过程，包括信息源、发射器、信道、接收器、信息接收者，以及噪声（源于噪源）等基本因素，发射器和接收器分别起编码和译码的功能；信息传输起始于信源发出信息（讯息），发射器将信息转换为可传送的信号，经过信道的传输，信号由接收器接收，并被还原为信息（讯息），最后传给信宿；信息传输可能会受到噪声干扰，进而产生衰减或失真。

"香农—韦弗模式"本来是为描述信息传输过程而提出的一个模型，但信息传输与传播过程的特殊关系，使这一模式在传播学领域得到了广泛应用，成为传播学研究经常引用的著名模式之一。"香农—韦弗模式"的重要价值在于注意到了信息与信号之间的转换问题，并引入了"噪声"的概念。"噪声"可能来自机器本身，也可能来自外界环境，对正常的信息传递会造成干扰。这些看法对人们认识传播现象也有重要的启示：传播效果受到复杂因素的影响，使用的传播符号（如言语、文字等）是否适当、信息表达是否准确、信息与信号之间的转换编码是否正确都会直接影响到传播效果。

二、传播现象的互动与系统模型

互动与系统模型是传播学的另一类重要模型，其特点是关注传播过程中的互动性和系统性。比较有代表性的互动与系统模型包括施拉姆（Wibur Schramm）提出的循环互动模式、赖利夫妇（J.W.Riley，M.W.Riley）提出的系统模式、马莱兹克（Maletzke）提出的系统模式等。施拉姆是一位在传播学发展史上做出过杰出贡献的学者，他将分散于新闻学、社会学、心理学、政治学等领域的传播研究成果加以整理、归纳、总结、综合，勾勒出了传播学的核心问题和基本框架，从而使传播学实现了真正的独立。因此，传播学史家尊称他为传播学的创始人和"传播学之父"。施拉姆曾在传播学史上创造了多个"第一"：他建立了世界上第一个传播学研究机构，编撰了第一本传播学教科书，授予了第一个传播学博士学位，也是第一个获得传播学教授头衔的人。

施拉姆以 C.E. 奥斯古德（C.E.Osgood）的观点为基础提出了循环互动模式。与拉斯韦尔及香农提出的线性模式不同，施拉姆提出的循环互动模式突出强调了传播过程的循环性和互动性，强调了传受双方的相互转化。循环互动模式中甚至没有传播者和受传者的概念，传受双方都是传播行为的主体，通过信息的传与收处于"你来我往"的相互作用之中。该模式的重点不在于解析传播渠道中的要素与环节，而在于解析传受双方的角色与功能，参加传播过程的每一方在不同阶段都依次扮演编码者（执行符号化和传达功能）、译码者（执行接收和符号解读功能）、释码者（执行意义解释功能）的角色，并在这些角色之间相互交替。

施拉姆的循环互动模式强调了传播过程的互动性，也注意到了传播参与者的多重角色，更适合于描述那些传受双方平等交流的传播现象（如面对面交流）。该模式的缺点是没有深入社会系统的层面来分析传受双方的角色。后来的传播学家就非常注意将传播过程置于社会大系统中进行分析，提出了突出强调传播过程系统性特点的系统模式。

美国学者赖利夫妇提出的系统模式认为：任何传播过程都表现为一种系统活动，多重结构是社会传播系统的本质特点；传播活动的参与者双方都是一个个体系统，这些个体系统各有自己的内在活动（人内传播）；个体系统与其他个体系统相互连接形成人际传播；个体系统并不是孤立的，而是分属于不同的群体系统（可形成群体传播）；群体系统的运行又是在更大的社会结构和总体社会系统中进行的，与社会的政治、经济、文化、意识形态的大环境保持相互作用的关系。赖利夫妇认为，以报刊、广播、电视为代表的大众传播，也不外是现代社会传播系统中的一种。很显然，赖利夫妇的系统模式将包括大众传播在内的各种传播类型都整合到了一个模型中。

从这个模式可以看到，社会传播系统包括微观的、中观的和宏观的各种类型，既有相对的独立性，又与其他系统处于普遍联系和相互作用之中；每种传播活动、每个传播过程，除了受到其内部机制的制约以外，还受到外部环境和条件的广泛影响；这种结构的多重性和联系的广泛性体现了社会传播是一个复杂的综合系统。从这一模式的观点来看，线性模式和循环模式关注的都是传播系统内部的微观结构，并没有将传播放到社会系统的大环境中加以考察，也没有发现传播现象与社会系统之间的复杂关系。

赖利夫妇的系统模式并不是唯一强调系统性的传播模式，德国学者马莱兹克出版的《大众传播心理学》一书中提出了另一个系统模式。在这个系统模式中，马莱兹克把大众传播看作包括社会心理因素在内的各种社会影响力交互作用的一个"场"。其中包括以下几个方面因素。

（一）影响和制约传播者的因素——传播者的自我印象、传播者的人格结构、传播者的同僚群体、传播者的社会环境、传播者所处的组织、来自信息本身及媒介性质的压力或约束力等。

（二）影响和制约受传者的因素——受传者的自我印象、受传者的人格结构、受传者作为所属群体成员的身份、受传者所处的社会环境、信息内容的效果或影响、来自媒介的约束力等。

（三）影响和制约媒介与信息的因素——主要来自两个方面：一方面是传播者对信息内容的选择和加工，这种选择和加工也可以说是传播者背后的许多因素起作用的结果；另一方面是受传者对媒介内容的接触与选择，这种选择当然也是基于受传者本身的社会背景和社会需求做出的。此外，制约媒介的一个重要因素是受传者对媒介的印象，而这种印象是基于平时的媒体接触经验形成的。

马莱兹克的系统模式说明，社会传播是一个极其复杂的过程和系统，其中的每个主要环节都是一系列复杂因素而产生影响力的集结点；评价任何一种传播活动，解释任何一个传播过程，即便是单一过程，都不能轻易简单地下结论，而必须对涉及该活动或过程的各种因素或影响力进行全面系统的分析。

三、传播现象的结构要素与复杂系统

传播学领域还有其他一些重要的传播模型（传播模式），即便仅从这几个模型中，也可以体会到传播现象的某些基本特点：任何传播现象的发生都会涉及一些重要的结构要素，它们相互作用并组成一个执行传播功能的系统。拉斯韦尔认为包括五大要素，布雷多克认为包括七大要素，系统模式将传播现象描述成更复杂的系统。若从传播过程发生学的角度来看，传播主体、传播内容、传播渠道、传播对象是传播过程的四大基本要素，有了这四大基本要素，传播过程实际上就可以产生了。传播环境、传播意图、传播效果涉及传播过程产生的环境或后果，但对传播过程的产生来说并不是必备要素。"四要素论"可以成为描述传播结构的最简单模型。

事实上，传播学家贝罗（David K.Berlo）很早就在《传播的过程》一书中提出了这种"四要素"模型。贝罗认为，传播过程包括信源、信息、通道、接收者四个基本要素；传播效果并不是由其中的任何一个要素决定的，而是由四个要素及它们之间的关系共同决定的。影响信源和接收者的因素包括传播技巧、态度、知识、社会与文化背景，影响信息的因素包括内容、要素、处理、结构、符号等，而信息的内容、符号及处理，均能影响通道的选择。

传播现象具有明显的过程性，包括一系列重要的环节。传播者在传播信息的时候，需要对信息进行编码，并使用符号表达信息；然后再利用一定的媒介和通道将信息发出去；受众首先接收到的是符号，然后他要进行解码，赋予符号以意义解释，从中解读和获取信息。传播过程可能还包括重要的反馈环节，受众在获得信息之后会产生某种反应，并反馈给传播者。传播者对信息的编码与发送、受众对符号的解释与理解都会影响传播能否成功，现实生活中许多误解就是这样产生的。

传播现象在其现实的存在状态中受到多种内外因素的复杂影响，呈现出明显的系统性。互动模式和系统模式揭示了传播现象的这种系统性特点，施拉姆的循环互动模式说明了传播过程中的参与者可以双向互动、角色互换。赖利夫妇和马莱兹克的系统模式则分别说明了传播现象的层级结构，以及传播过程中受到的复杂影响。从这些系统模式中可以看到，发生在社会系统中的传播现象，不仅会受到社会的政治、经济、文化和意识形态大环境的影响，也会受到与传受双方有关的个人因素、群体关系、社会文化背景的影响。传播现象的这种系统性特征提醒人们不能对任何传播过程进行简单化的理解，即使是那些看似相对简单的传播过程。

第二节　科技传播与普及的结构要素

科技传播与普及是和科学技术现象相关的人类传播现象，是传递与扩散科学技术知识信息的传播过程。当代科技传播与普及已经和人类社会的其他传播现象一样变得异常复杂，涉及科学知识、科学方法、科学思想、科学精神、科学的社会作用以及科学发展政策等多个层面的内容，涉及科技写作、科技出版、科技新闻、科学交流、科学教育、科学普及等多个领域，涉及服务公众获取科技知识、推动公众理解科学以及提高公众科学素质和科学意识等多种目标，参与主体也包括科学共同体、政府部门、工业公司、媒体组织、科学中心、博物馆等多种组织和各种公众群体。当代科技传播与普及正在利用类型多样、形态各异的各种活动形式，传播和普及科学技术知识信息，示范和培育科学精神，扩散并发展社会的科学文明。

正如传播学家从分析解剖传播过程的结构开始理解人类复杂的传播现象一样，研究科技传播与普及也可以从分析解剖科技传播与普及的基本结构开始。根据传播学最简单的"四要素"模型，可以认为科技传播与普及由这样四个基本要素构成：科技传播与普及的主体（科技传播与普及者）、内容、渠道、对象（科技传播与普及受众）。不同情境下、不同场合中发生的科技传播与普及在具体特征和具体目标上可能存在巨大差别，但拥有这四大要素是所有科技传播与普及活动的共同特征，这四大要素是科技传播与普及活动得以启动和发生的基本条件。

一、科技传播与普及的参与主体

科技传播与普及活动的参与者同样有传播者和受众这两个基本方面。从科技传播与普及发展的历史来看，科技传播与普及的参与者经历了一个从个体、到群体、再到组织的发展历程。自科学技术发展的早期开始直至近代科学发展的初期，科技传播与普及活动的参与者主要是通过个人身份进入传播关系中的，传播者和受众角色也比较明确，传播者是科学家以及拥有科学知识的人，受众则是那些有兴趣学习科学知识的普通大众，知识流程基本上是从科学家到大众。科学家通过举办科学演讲、出版科学著作、撰写科学论文的方式，向普通大众传播科学知识。在知识存量规模较小、科技应用并不普遍的背景下，科技传播与普及主要是靠这种个体行为来支撑的。

随着近代科学技术的发展和科学家群体的形成，科技传播与普及开始受到群体背景的影响。例如，"科学普及"一词之所以在19世纪40年代产生，其中一个重要原因是科学家开始担心科学的专业化会让公众失去对科学的了解和支持。为吸引更多公众对科学的关注和支持，科学家、工程师、发明家共同参与到科学普及中来，积极向公众介绍与宣传科学新知识和技术新发明。群体力量由此成为科技传播与普及的支撑要素。20世纪以后，随着科学技术高度职业化、制度化、建制化的发展，科技传播与普及活动的参与者也具有了更强的组织背景，社会组织机构成为科技传播与普及的重要参与者，科技传播与普及领域也出现了参与主体多元化、传播关系复杂化的发展特征。

1.科技传播与普及的多元主体

在相当长的一段时间内，科学家群体一直是科技传播与普及的主力军。但在进入20世纪之后，至少有两个方面的巨大压力使科学家群体慢慢退居科技传播与普及的幕后。第一个方面的压力来自科学内部竞争。科学技术高度专业化的发展增加了科学技术研究的难度，科学技术职业化的发展也提高了职业竞争的程度，科学家越来越难以有更多的时间和精力从事科学普及工作。第二个方面的压力来自知识普及难度的增加。随着科学技术的专业化和纵深化发展（朝向更微观和更宏观的研究领域），科学知识越来越难懂，面向公众普及科学知识的难度大大增加，科学家也越来越感到力不从心。在科学家群体慢慢退居科技传播与普及的幕后同时，大众媒体开始进入这个领域，科普工作者和专业的科技记者承担了越来越多的科技传播与普及任务。

20世纪，科学技术和社会的发展不仅是将媒体组织引入科技传播与普及领域，也是将政府部门和工业机构吸引到这个领域中来。科学技术的广泛运用在推动社会产业发展和生产进步方面显示出的巨大作用，引起了政府部门对科学技术和科学普及的关注。工业机构因为要推销其高科技含量的产品而发现了科学普及的价值，并成为科技传播与普及的踊跃参与者。在当代科学技术与社会发展的背景下，科技传播与普及变得更加活跃，传播关系变得更加网络化，参与主体变得更加多元化，科学家群体（包括科学团体与科学组织）、公众、媒体组织、政府部门、工业机构、专业组织（与科学技术关系密切的非营利组织、非政府组织、公共卫生机构等）各自出于不同的动机与需要，共同参与到科技传播与普及领域中来，组成了一个活跃的互动传播网络。

从当代科技传播与普及的一般情况来看，科学共同体、政府、工业部门由于在科学技术领域拥有某些特殊资源，经常处于科学技术传播者的位置，而公众群体经常处于传播受众的位置；传播媒体、科普基础设施、专业组织属于科技传播与普及的"第三方"，担当着科学技术知识信息传播的"中介"和"渠道"（当然在具体传播活动中，它们也扮演着传播者的角色）。传播媒体、政府部门、工业机构、专业组织对科技传播与普及活动的积极参与，活跃了科技传播与普及的局面，扩展了科技传播与普及的范围，推动了科技传播与普及事业的发展，同时也使科技传播与普及中的传播关系和微观机制变得更复杂，更呈现出了博弈色彩，产生了更多需要我们给予特别关注的问题。

当代科技传播与普及的参与者不仅具有了多元化的特点，而且在微观层面上具有了多样化的特点。例如，仅就科技传播与普及实践中的传播者而言，他们可能是职业化的，也可能是非职业化的。当代科技传播与普及已经拥有了一支职业化的传播队伍，他们广泛分布于公司企业、科学团体、研究机构、媒体组织、专业组织、科技馆、天文馆等机构中，专门从事与科学技术相关的知识信息采集、制作、编辑、传播工作，成为科技传播与普及的中坚力量。除了这些职业化的科技传播与普及者，还有数量众多、规模巨大的非职业人群，如非政府组织的工作人员、医院里的医生、科技企业的员工等。他们虽然不是职业化的传播者，但他们在当代科技传播与普及中所起的作用不可低估。

2. 社会公众的群体分层

社会公众在科技传播与普及的传统关系中基本上处于受众的位置。传统意义上的社会公众也主要是指那些远离科学的社会大众，对科学缺乏了解的外行群体。但在当代科技传播与普及发展的背景下，科技传播与普及中的传播关系已经发生了根本性变化，社会公众不仅在多种情况下（如共识会议中）与作为传播者的科学家处于一种事实上的平等对话关系，而且出于关注科学技术发展、监控科学技术应用的需要，公众需要主动地了解各种相关信息，积极参与科技事务，成为科技传播的重要主体。当代科技传播与普及在坚持"主体多元论"的同时还要特别坚持"公众主体论"的理念。

　　基于科技传播与普及的理论研究实践操作的实际需要，科技传播与普及理论和实践还需要对公众群体进行必要的区别或分层。在英国皇家学会发布的《公众理解科学》报告中就曾将公众群体细分为：追求个人满足与幸福的私人个体、作为民主社会成员履行公民职责的个体公民、从事技术及半技术性职业的人群、从事中层管理工作和专职性工作及商务活动的人士、在社会中负责制定政策或做出决策的人员五个群体。我国的"全民科学素质行动计划"也从公众群体中选择出未成年人、农民、城镇劳动人口、领导干部和公务员四个重点人群，并提出要以重点人群科学素质行动带动全民科学素质的整体提高。

　　现代科技传播与普及已经不再像早期那样将所有公众都视为对科学缺乏了解的外行，也不再将公众群体视为整齐均一的同质群体，而是认为公众群体是异质多样、可以分层的。有重要指导意义的一个分层理论是将公众群体分为热心公众、感兴趣公众和一般公众。正如有人热心于谈论政治或体育一样，在社会中也有人非常热心于谈论科学技术，科学技术也有其热心公众。著名学者米勒（J.D.Miller）和其他一些学者曾借鉴美国政治学家阿尔蒙德（G.A.Almond）公共政策领域的"热心公众模型"，考察科学技术领域中的公众分层问题，利用实际调查考察了公众对科学技术政策的关注程度和兴趣水平，建立了科学技术领域的"公众分层模型"。该模型认为，科学技术政策形成过程中涉及五个群体：决策者、政策领导者、热心公众、感兴趣公众、一般公众。

　　对科学技术政策某个问题的兴趣水平较高，并感到对该问题非常了解的那些公民被称为该问题的"热心公众"（attentive public）。科学技术政策的每个问题领域都有其热心公众，热心公众对该问题领域的了解比非热心公众更加详尽。美国、加拿大、欧盟公众兴趣指数的调查表明，大约1/10的人对科学技术政策是热心的，受过良好教育的公民往往更倾向于对科学技术问题表现出浓厚兴趣。在美国、加拿大和欧盟，对科学技术问题感兴趣的公民比不感兴趣的公民在科学技术的乐观前景方面抱有更加积极的态度。美国的研究结果表明，接近10%的美国成年人关注科学技术政策问题，另有47%的人对科学技术问题感兴趣，公民科学素养的水平与对科学技术问题的关注呈正相关关系。

　　对公共政策形成和决策过程的相关研究表明，如果领导者和决策者高度一致，政策一般就被决定了，并没有公众的广泛参与。但如果领导者与决策者之间或政策领导者内部存在分歧，就会吸引热心公众参加到政策决策讨论之中，公众观点也会影响政策的决策。科技政策学者认为，尽管科学技术政策的形成和科学技术争论的解决几乎与选举毫无相关，也没有任何一个国家的政府职务候选人会因为科学技术政策问题而赢得或失去竞选，但在任何一种政治体制下，科学技术政策的决策都有可能受到对科学技术问题感兴趣的那些公民的影响。特别是，当决策者和领导者找不到解决方法的时候，政策制定结构会向热心公众寻求解决问题的办法。米勒认为，热心公众关心科技政策讨论，会给公共政策出台产生压力，所以热心公众对科技政策的民主讨论是非常重要的。一般而言，热心公众既是科技传播与普及的热心参与者，也是科技传播与普及事业的积极支持者，科技传播与普及事业的发展依赖社会能培育一支热心公众的队伍。

3. 科技传播与普及的"第三方"

传播媒体、科普基础设施、专业组织属于科技传播与普及的"第三方"，在当代科技传播与普及体系中发挥着重要的作用。传播媒体、科普基础设施、专业组织在许多科技传播与普及活动中往往扮演着传播者的角色。从科技传播与普及的发展历史来看，科技传播与普及之所以能发展成为一个颇受关注的社会领域，传播媒体、科普基础设施、专业组织的积极参与功不可没。在科技传播与普及这些重要的"第三方"中，传播媒体、科普基础设施因为掌控着面向社会公众的传播手段而在科技传播与普及体系中占据特殊位置，专业组织因为其特殊的运作机制而在科技传播与普及中发挥着重要作用。

传播媒体对科技传播与普及的介入是因为科学技术的专业化发展和公众科学兴趣的高涨，最初的动机也主要是满足公众对知识信息的需求，利用媒体向公众传播科学技术知识和信息，在科学家和公众之间架起桥梁。但随着媒体越来越强势地介入，传播媒体慢慢走到了科技传播与普及的前沿位置，成为科技传播与普及的一大主力，并成为科技传播与普及的基本渠道和社会公众接触科学的重要来源之一。近些年的调查表明，我国有超过80%的公众是通过电视获取科学技术信息的。在当代科技传播与普及体系中，传播媒体已经成为科学技术知识信息社会扩散、科学技术知识信息流向公众的基本通道之一，成为科学与公众关系各个参与方互动、交流、对话的重要中介、渠道和平台。

当然，随着传播媒体在科技传播与普及领域地位的不断上升，媒体也已不再仅仅将自己定位于"转述"科学家的知识，而是有了自己的"独立人格"和特定态度，有时甚至会通过议程设置功能，发动对科技发展与应用问题的讨论，促进公众对某些科学技术问题的特别关注，引导社会公众对科技议题的思考，甚至给公众"灌输"媒体理解的"科学"概念，对政府、公众和科技政策决策施加特定影响。另外，基于传播流程和自身利益的需要，为吸引公众而制造新闻效果，传播媒体中的科技传播也经常充满对科学的"误读"或"歪曲"。但无论如何，现代媒体已经成为科技传播与普及中一支不可忽视的重要力量，对科技传播与普及的发展产生着不可忽视的影响和作用。

包括自然博物馆、科学技术馆、天文馆等在内的科普基础设施是专门服务于科学技术传播与普及的设施。从发达国家科技传播与普及的经验来看，科普基础设施在科技传播与普及中发挥着极为重要的作用，公众通过参观科技场馆不仅可以了解到许多有价值的科学技术信息，学习到大量有用的科学技术知识，而且可以直接接触、体验科学甚至是参与科学中来。

科技类博物馆是随着科学技术的发展而产生的一类特殊博物馆。最早产生的科技类博物馆类型是以收藏、研究、陈列标本实物为主的自然史类博物馆。19世纪之后出现了以展示人类技术成就和创造发明为主的工业技术类博物馆。进入20世纪以后，科技类博物馆在整个世界范围内蓬勃发展，强调科学技术展示展览与教育功能的现代科技馆大量兴建，不仅数量急剧增加，而且呈现多元发展的特征，出现了通信、地质、化工、航空、航天、铁路等各种专业博物馆，强调观众参与、体验科学的"科学中心"也受到了社会各界的高度重视。当代科技类博物馆已经成为一个数量庞大的博物馆大家族。

强调促进公众学习、启发公众思考、激发公众兴趣、提高公众科学探索意识与能力，已成为当代科技类博物馆的基本理念。与强调收藏、研究、陈列、展示的早期博物馆不同，当代科技类博物馆更强调博物馆的科普教育功能，除了设有大量的常规展示展览外，还经常组织各种特色专题展览、互动式的科学展示、热点科学话题的讨论、各类兴趣活动小组、科学课程培训、科学技术讲座、科学技术竞赛等，利用多种手段和途径，普及科学技术知识，展开科普教育活动，并积极采取措施吸引公众参与，培养公众兴趣。特别是当代"科学中心"，强调通过公众参与来提高科普教育综合效果，通过实践性、体验性、参与式科学探究项目的设计，促进公众对科学的体验与理解。

在当代科技传播与普及体系中，与报纸、电视、网络及其他传播途径相比，科技类博物馆的科技传播拥有一些非常特殊的传播优势，具有很强的直观性、可接触性、参与性、亲和力和影响力，在社会中的科技传播与普及体系中发挥着非常特殊的作用。科技类博物馆的科技传播与普及具有生动直观、形式多样、内容丰富、集中系统的特点，尽管与传播媒体相比"可接近性"稍差（科技类博物馆往往建在大中城市），但馆内的展示展览、科学演示、探究项目、科技讲座等活动，蕴含着丰富的科技知识内容，可以产生综合性的科普教育效果，影响公众的知识、兴趣、体验、理解、认识、思考等多个方面。

科技传播与普及"第三方"中的"专业组织"主要是指那些与科学技术关系密切的、采用专业化运行的社会组织，特别是那些业务范围与科学技术有关的非营利组织、非政府组织及公共卫生机构等。非营利组织、非政府组织具有组织性、民间性、非营利性、自治性、志愿性、公益性的特点，在当代社会的公共事务和公共管理领域扮演着重要角色，被认为是当代社会结构中政府部门、私营部门之外的"第三部门"和"第三种力量"。非营利组织、非政府组织涉及的领域相当广泛，例如，环境保护、社会救济、医疗卫生、文化教育、科学研究、技术推广、社区发展等。

与科学技术关系密切的非营利组织和非政府组织在从事公益性活动时，通常都需要动员各种社会力量的参与和支持，因而非常重视科学技术知识的传播、普及和宣传。例如，在我国环境保护领域里，就活跃着一批非政府组织，其中较著名的有自然之友、北京地球村、绿色家园志愿者、中国小动物保护协会、中华环保基金会、北京环保基金会、中国野生动物保护协会、北京野生动物保护协会、中国绿化基金会等。他们面向社会和公众积极开展提高环境意识的宣传教育活动，推动环境保护领域的公众参与活动，资助有关自然资源和环境保护项目，开展环境保护科学技术的研究和普及，在推动中国环境保护运动发展过程中起了非常大的作用，也极大地活跃了与环境保护相关的科学技术普及和传播活动。

二、科技传播与普及的传播内容

所有传播活动都是为了传播某种内容，所以传播内容不仅是传播的结构要素，也是传播得以发生的基础。传播过程中的传播内容与媒介、符号、信息之间存在复杂关系，媒介发送符号（如文字或图像的符号），符号负载信息，传播过程需要将信息进行编码和译码。在科技传播与普及的范围内，传播内容是流动在科技传播与普及过程中的科学技术知识和信息。传播内容可以按照不同标准加以分类，如分为原创性信息、再开发信息（如二次文献等），或者分为科学知识信息、工程技术信息、科技动态信息等。对科技传播与普及，以及公众科学素质、公众理解科学研究来说，更有意义的一个分类是区分为科学技术知识、科学技术方法、科学思想、科学精神、科学技术与社会关系的内容等。

1. 科学技术知识

这里的"科学技术知识"主要是指科学技术领域的各种具体知识和基础信息（如科学数据等）。人们通常从"系统知识"的角度来定义"科学"和"技术"，如"科学"被定义为关于自然、社会和思维规律的系统知识（或知识体系）；"技术"被定义为反映在发明、设计、管理、服务中的系统知识，可用于制造某种产品、实施某个工艺或提供某项服务。将"科学"和"技术"定义为知识的方法符合科学技术的知识性特征；科学技术以获得某种知识作为最终目标，知识是科学技术最基础的组成部分，科学技术具有知识特性。而科学技术的知识特性决定了科学技术具有可传播性，科学技术领域有传播学的问题。

科学领域中的知识有不同的表现和表达形式，例如，科学数据、科学概念、科学事实、科学定理、科学观点、科学理论，以及已获得某种承认的科学假说等。在科学数据、科学事实、科学概念、科学定理、科学观点的基础上，可以形成具有某种内在逻辑关系的科学理论，而科学理论是科学知识的高级形态。技术领域内的知识则有技术的原理知识、设计知识、操作知识、标准知识等不同类型。现代科学技术已经发展成为一个门类繁多、纵横交错、相互渗透、彼此贯通的知识网络体系，仅自然科学一类就包括了数千门学科。即使在这样一个庞大的知识网络体系中，每天也还会有大量的新知识不断被发现。

自英国生物物理学家、哲学家波兰尼（Michael Polanyi）在他出版的《个人知识》一书中首次提出"隐性知识"概念以来，显性知识和隐性知识的分类就受到了人们的高度重视。科学技术领域也有显性知识和隐性知识两种不同的类型。一般认为，显性知识是可用正式的和规范的语言或编码方式清晰表达的知识。显性知识可以被记录存储、详尽论述、严格定义，可以写成报道、形成报告、载于报刊，也可以利用书籍、手册、说明书等各种载体正式地、方便地在人们之间传递、交流和共享。尽管我们日常所见、所听的知识大部分是显性知识，但专家估计显性知识只占人类知识的一小部分，大约只有 20%，另外 80% 的知识是深藏于人们内心、很难被公式化的隐性知识。

隐性知识是难以用文字语言清晰表达、具有高度个性化特征的知识。隐性知识来源于个人经验或组织习惯，存在于个人头脑和组织行为中，表现为个人经验、技能技巧、技术诀窍等。隐性知识难以公式化和明晰化，不易用语言表达和传播。长时间的观察与模仿、体验与领悟、实践与练习是获得隐性知识的基本途径。有专家估计，一个集成电路设计工程师往往需要 5 年甚至更长时间才能拥有独当一面的设计经验。隐性知识具有高度的内隐性和个人依赖性，所以隐性知识的传递和学习需要依靠人与人之间的直接接触，研究人员之间只能通过个人之间的正式与非正式接触和交流才能分享研究经验。研究管理学的学者认为，比起显性知识，隐性知识难传递、难模仿、难复制，所以有助于形成个人或组织的竞争优势。

科学技术知识（特别是那些显性知识）每天都在利用科技期刊、学术著作、科研报告、学术研讨会或个人交流等多种不同的媒体和途径，从科学研究机构、大学等知识组织中传播出来，在社会传播大系统中汇集成一个巨大的知识流，然后再通过科学教育、科技普及、大众媒体等各种渠道流向社会。科技传播与普及在传统上更关注各种显性知识的传播与普及，而增加公众在科学技术方面的隐性知识，事实上也是科技传播与普及的另一个重要方面。当代科技类博物馆的交互式、参与式、体验性展览会对公众在科学技术方面获得更多隐性知识产生重要作用，针对青少年组织的科学探究活动也会极大地增加青少年的这种隐性知识。

向公众传播输送科学技术知识是科技传播与普及的第一要务，公众利用科技传播与普及获取所需知识也是他们在科学技术方面的第一需求。科技传播与普及通过向公众传播普及科学技术知识，不仅提高了公众的科学技术知识水平，还提升了公众的科学技术素质。公众通过了解和掌握科学技术知识，能更好地理解自身及外部世界，增强自己的生活与劳动技能，提高运用知识处理实际问题的能力，从而能更好地适应社会环境、提高生活质量、参与公共事务。

2. 科学技术方法

科学技术知识是科技传播与普及的基础内容，但不是唯一的内容，科技传播与普及还需要帮助公众理解并掌握一定的科学技术方法。科学技术方法是服务于科学技术研究的基本工具，是帮助科学家发现科学技术知识的基本手段。科学技术方法对科学技术知识的获得有导引、规范的作用和功能，是比科学技术知识更高级的科学技术要素。尽管某些重要的科学方法最初源于某种科学知识和科学理论的发现，但对科学知识与理论的理解和掌握并不能替代对科学方法的理解和掌握。中国古人早就强调过方法的重要性，认为"授人以鱼，不如授人以渔"。对科学方法的理解和掌握，有助于更好地理解知识是怎么来的，从而能更好地理解科学技术本身，提高科学判断力和运用科学的能力。对科学研究方法的掌握和理解，是理解科学、灵活运用科学的重要条件。

随着科学技术不断向纵深化、专门化的发展，科学技术研究对科学方法的依赖性越来越强，新的研究方法也被探索创新出来，科学技术现已拥有了一个庞大的方法体系。譬如，在自然科学领域，既有大量通用性较强的一般方法，如观察方法、实验方法、数学方法、调查方法、模型方法、系统论方法、信息论方法、测量与统计方法等，也有只适用于某一学科领域的具体方法，如量子力学中的重整化方法、化学研究中的化学反应剖析法、生物学中的同位素示踪法等。当然，所有的科学方法都有其特定的适用条件和适用范围，也各有其特定的局限性。

对科学技术方法的准确掌握与精准运用是科学技术人员应该具有的基本技能和基础素质，面向公众的科学技术方法普及重在让公众对科学技术方法有一定的认识和了解，从而能够理解科学结论是以什么样的方式获得的，也便于在日常生活和工作中能选择适合的方法解决遇到的问题。科技传播与普及对科学技术方法的关注是非常重要的，公众一旦对科学技术方法有了基本的了解与掌握，他们就能更加深刻地理解相关的科学知识，能根据相关的科学技术方法来辨别科学与非科学。著名科普作家卡尔·萨根（Carl E.Sagan）就曾说过，如果我们不向公众说明科学严格的研究方法，人们又怎么能够分辨出什么是科学，什么是伪科学呢？

3. 科学思想

科学思想是科学系统内具有思想性的构成要素，不同于具体知识，也不同于具体方法，是蕴藏在知识和方法背后的关于研究对象的总体性看法及相应的思想观念。科学思想来源于科学研究活动，从研究活动中获得，又对后续的科学研究有指导作用。科学思想通常有两种存在状态，一是未及清晰提炼和表达的隐性状态，是科学家在科学研究中实际应用但未得到清晰化的思想观念；二是经由科学家本人或他人加以提炼并予以清晰表达的显性状态。科学思想也有不同的层次之分，有些科学思想可能只针对某类具体对象，例如，遗传学思想、量子力学思想等；有些科学思想则可能针对某一大类对象，例如，物理学思想、系统论思想等；当某种科学思想针对整个自然或整个客观世界时，它就可能进入了哲学思想的层面。

科学家经过大量的科学研究实践，以及对研究对象的深入体悟，都会得到或拥有某种科学思想，只不过对大部分科学家而言，这种科学思想可能并没有被明确意识到并得以清晰表达。那些在科学技术领域做出过重要贡献的科学家不仅有丰富的科学思想，而且都比较善于提炼并表达自己的科学思想。例如，爱因斯坦不仅创造性地提出了相对论等一系列重大理论，推动了 20 世纪的科学革命，奠定了当代科学大厦的基石，而且发表了许多有关科学思想的演讲和文章。在《爱因斯坦文集》第一卷中就收录了爱因斯坦关于相对论、物理学、科学等方面的许多书信、演讲和文章。这些书信、演讲和文章蕴含着丰富的科学思想与哲学思想。

科学思想是立足于科学实践和科学认识而产生的关于科学对象的总体看法，指导科学研究的方向、过程及方法的设计与运用，因而这种思想是比具体的知识、理论、方法"更高级"的科学要素。科学思想的提炼与总结要依赖对科学知识、理论和方法的概括与提升，一旦提炼出相应的科学思想，从科技传播与普及的角度来看，反倒比具体知识理论更容易传播。因为严格严密的科学知识通常包含更多的专业概念、术语、公式、定理，科学思想通常在表达和传播时可以不需要太多的专业语言，所以也更容易被公众理解。例如，要公众学习"大爆炸"理论可能并不是一件容易的事，但要上升到思想层面，告诉公众宇宙起源于"大爆炸"，让公众立足于"大爆炸"理论看宇宙的起源和演化，就可以让公众认识到宇宙是物质演化的结果。

对于普通的社会公众而言，在科学技术飞速发展的今天，不是在一系列重要的科学技术领域，就是在自己比较感兴趣的一些科学技术领域，都已经很难全面掌握其中出现的各种知识与理论。因此，"对公民要求过多的具体知识是不切实际的，但是他们对思想性的东西，还是可以理解和把握的"。而且从某种意义上说，科学思想比具体知识有更高的概括层次，公众对科学思想的理解与掌握更有利于公众把握科学的本质和精神，提升内在的科学素质，提高辨别能力。

4. 科学精神

科学精神蕴含着对科学及其实践本质的认知，并对人类的科学认识方向和科学实践过程具有约束、规范与指导作用。国内学者樊洪业认为，科学知识与科学精神之间是"形体与精神"的关系，科学精神与科学活动之间是"意志与行为"的关系。关于科学精神内涵和要素的研究与概括，众多学者提出了许多不同的观点，虽然未必有实质上的差异，但存在着观察视角的不同和表述方式的不同。科学史上较早对科学精神进行系统性研究的是美国科学社会学家默顿，他在发表的文章中首次提出"科学的精神气质"概念。默顿认为，科学的精神气质是带有感情情调的一套约束科学家的价值和规范的综合，现代科学的精神气质有四个方面：普遍性、公有性、无私利性和有条理的怀疑精神。科学的精神气质是默顿科学社会学的重要基础。默顿关于科学精神的研究属于科学社会学的视角，主要研究的是科学共同体内部内化与科学家行为或者说是科学家应该坚持的基本规范。

许多关于科学精神内涵的概括是在更宽广的视野中进行的，科学精神的这些内容不仅适用于指导和约束科学家的科学实践行为，而且是每个社会成员都应该坚持和遵循的。基于这种视角的科学精神内容在表述上虽然不尽相同，在本质上却是相容并相互补充的。例如，有人将科学精神概括为探索求真的理性精神、实验取证的求实精神、开拓创新的进取精神、竞争协作的包容精神、执着敬业的献身精神，也有人将科学精神概括为客观求实精神、不断求知精神、追求真理精神、科学怀疑精神、团队协作精神；有人认为是求真精神、理性精神、批判精神、平等精神、协作精神，也有人认为是实事求是、探索真理、崇尚真理、勇于创新、反对迷信、反对盲从、解放思想、追求真理、与时俱进等。

科学精神是基于近代科学技术发展而产生的、具有普遍性的科学规范，不仅科学家需要拥有并遵守科学精神，而且全体社会成员都需要学习、理解和掌握科学精神，并能在科学精神的指导下观察和处理各种问题。科技传播与普及需要在培育科学精神方面承担重要职责，通过普及科学知识、传播科学思想，为公众理解、体认、掌握科学精神提供重要的基础；通过传播提炼出来的科学精神的内容和观点，帮助公众学习、理解、掌握科学精神。当然，公众对科学精神的真正掌握，还需要公众自身的内化过程，将借助于传播过程得到的学习认识成果内化在思想意识的深处。

5. 科学技术与社会关系的内容

科学技术存在于社会大系统，影响社会其他系统的发展，也受到社会其他系统的影响。了解科学技术与社会之间的基本关系，有助于公众更好地理解科学技术及其在社会中的作用。因此，科技传播与普及的内容不仅包括科学技术知识、科学技术方法、科学思想、科学精神这些"内部要素"，还应该对科学技术的"外部要素"给予高度重视，将科学技术"外部要素"作为科技传播与普及的重要内容，例如，科学技术发展的历史与当代发展特点的内容、科学技术与社会各领域互动关系的内容、国家科学技术发展的重要动态信息、科学技术某些领域的重要进展信息等。

了解科学技术的发展历史、当代特点、发展现状、未来趋势，以及反映历史与发展的科技人物、科技事件，有助于公众全面认识科学技术的发展历程，获得对科学技术发展的整体认识，认识科学技术发展的某些规律，了解科学技术领域中那些重大发现、发明产生的社会背景，从而形成对科学技术发展的正确认识，并理解科学技术在人类文明中的重要作用。了解科学技术与经济、政治、文化、教育等诸多社会因素的互动关系，了解科学技术在解决资源、生态、环境、社会等问题中的重要作用，了解科学技术对个人生活、产业进步、经济增长的影响及其影响方式，了解科学技术有可能产生的负面效应，有助于帮助公众正确认识科学技术在社会发展中的作用和方式，形成对科学技术的理性态度和基本观点，客观评价科学技术的作用和后果。这对提高公众的科学素质和科学理解水平具有极为重要的价值与意义。

科技传播与普及还需要帮助公众了解国家的科学技术发展战略和基本政策，明确这些战略和政策可能对科学技术发展与社会生活生产带来的影响；帮助公众了解科学技术领域中某些重要的发展状况及重大进展，明确这些进展的意义，以及可能产生的后果。对这些相关信息的了解有助于公众明白国家、政府、工业界、科学家在做些什么，明确科学技术可能产生的影响，增加对当前科学技术工作的全面认识，给国家和科学家的科学技术工作提供所需支持，同时也能够在必要时候参与有关政策问题的协商对话和科技应用问题的讨论争论中来。公众对科学技术事务的民主参与水平，不仅取决于公众对科学"内部要素"的理解水平，也取决于对当前发展动态信息的了解程度。

在当代大科学发展的背景下，科学技术已成为全社会必须关注和支持的一项社会事业，科技发展动态信息已成为科技传播与普及的一类基本内容。这类信息一般通过科技新闻、成果报道、展示展览的途径来传播。与科学技术知识、方法、思想的传播相比，这类发展动态信息的传播有可能会引发公众对特定问题的关注与思考，并影响公众对相关问题的基本判断。因此，科技传播与普及者（如媒体工作者）在传播过程中既要有科学精神，又要有人文关怀，不但要客观、求实地分析科学技术的发展及其作用，而且要全面、平衡地看待某些科技发展及其可能出现的应用后果。

科技传播与普及拥有一个复杂的内容体系，涉及科学、技术、工程等多个方面，以及知识、方法、思想、精神和科学技术与社会的关系等多个层面。科技传播与普及的某些活动可能会在传播的具体内容方面存在差异，但凡是传播这些内容的传播活动，均属于科技传播与普及的范畴。学者刘华杰曾提出"一阶科学传播"与"二阶科学传播"的概念，认为科学传播既包含一阶（first order）科学传播，即关于科学技术基本知识的传播，也包含二阶（second order）科学传播，即关于科学方法、科学精神、科学文化、科学的社会运作等的传播；认为在当前中国，有必要特别突出强调并加强二阶科学传播。这种分层的方法和观点对发展科技传播与普及理论和实践是非常有价值的。

三、科技传播与普及的传播渠道

传播学上的传播渠道通常是指传播过程中传受双方沟通和分享信息的通道，传播学家将传播渠道区分为大众传播、组织传播、群体传播、人际传播四大基本渠道。科技传播与普及是人类传播的一个重要分支，自然也要利用这些基本渠道。但是，科技传播与普及又是人类传播的一个特殊分支，服务于科学技术活动并扩散科学技术内容。在利用这些传播渠道的同时，科技传播与普及也发展了自己的专门渠道，例如，附属于教育的科学教育、利用大众媒体的媒体传播、基于科普基础设施进行的传播，以及通过组织群众性的科技传播与普及活动进行的传播等。

1.科技传播与普及对社会传播渠道的利用

在人类社会的传播现象中，大众传播和人际传播是传播的"两极"。大众传播利用报纸、广播、电视这类大众传播媒介，典型特点是利用大众传播媒介、面向非特定人群、集中快速地进行信息的大面积扩散。在当代社会的传播生态系统中，大众传播异常活跃且高度发达，已经具有了高度组织化的特征，拥有了一个庞大的传媒体系。大众传播的影响也已经延伸到社会的各个角落，对公众群体与社会组织的立场、观点、态度、行为产生了极为广泛的影响。人际传播则是高度分散化的，发生在社会个体成员之间，借助于人际交往关系，遍及社会生活的各个角落和各种场合。谈话聊天、书信往来、互送电子邮件，大都属于人际传播的范畴。人际传播服务于个人之间的信息互通和思想交流，特点是互动性强、反馈迅速，通常能够产生显著的说服效果。

群体传播和组织传播是介于中间形态的社会传播渠道。发生于群体内或群体之间的传播是群体传播，发生于组织内或组织之间的传播是组织传播。群体传播与组织传播之间的区别是由群体和组织的区别决定的。

群体是由一定数量的社会个体构成的相对松散的人群集合，群体聚合的动力可能源于成员共同的志向、爱好或通过成员协同才能达成的某种目标，但通常缺乏组织中那种比较严格和固定的结构、分工、制度、纪律与指挥系统。群体成员之间通常具有较高的相似性和交往的频繁性，群体传播的信息会沿着群体交往关系流动，使群体成员在观念、意识、态度、情绪、行为方面相互影响，并产生思想行为上的感染与模仿，从而出现群体性行为。

组织传播发生于组织成员之间或组织与组织之间，通常以组织名义发动、围绕组织目标来进行，基本功能是维持和促进组织的稳定与发展，密切组织成员之间的关系，协调成员的一致行动，疏通组织内外的信息联系，应对外部环境的变化。组织不是基于成员的相似性而聚合起来的人群集合，而是基于组织目标与组织规则建立起来的，组织成员之间一般有相对严格的分工协作关系。组织传播对组织的建立、维系、协同，以及组织目标的实现有着非常重要的作用。

在面向公众的科技传播与普及时，通常会频繁利用大众传播媒体和大众传播渠道。大众传播具有的面向社会大众、快速集中传播的特点可以帮助科技传播与普及扩大知识传播的范围，提高知识传播的速度。另外，大众媒体熟悉公众传播语言和技巧的优势也可以帮助科技传播与普及更好地达成自己的目标。虽然大众传媒在传播科学技术的时候，经常出现"误读""歪曲"的问题，但大众传播的公开性显然比私下议论具有更高的权威性。大众传媒拥有的一系列特殊优势已经使它成为科技传播与普及领域中一支不可忽视的重要力量。

在现代科学技术影响日趋广泛的情况下，任何组织和群体在完成其任务时都会经常性地利用科学技术的手段，科学技术知识的普及与传播因而也会在群体和组织内外频繁发生。同样，科学技术知识也会经常地流动在人际交往的过程中。科技专家在非正式场合下与普通民众谈论或介绍科学现象和科学知识，在普通公众之间闲谈科技领域中的发现发明，在消费者之间相互推荐最新的科技产品，这些形式都会促进科学技术知识信息在人与人之间的传递。中国科协进行的公众科学素养调查数据也表明，人际传播是科学技术信息传播的重要渠道之一，利用人际交谈获得科技信息的公众比例仅次于利用电视和报刊获得科技信息的公众比例。

2. 科技传播与普及的传播渠道

科技传播与普及既具有人类传播的共性特征，又拥有自身特殊的性质。就其共性而言，科技传播与普及会利用人际传播、群体传播、组织传播、大众传播这类渠道；就其个性而言，科技传播与普及不仅传播普及与科学技术相关的内容，而且经过长期发展拥有了自己特定的传播渠道。根据科技传播与普及的综合特征（传播关系、任务目标等），我们可以将科技传播与普及的传播渠道分为具有公共性特征和不具有公共性特征这两大类，前者主要包括利用科学教育的科技传播与普及、利用大众媒体的科技传播与普及、利用科普基础设施的科技传播与普及、利用群众性科普活动的科技传播与普及，后者则主要包括公众群体内利用人际交流途径实现的科技传播与普及。

在当代科技传播与普及体系中，科学教育不仅成为科技传播与普及的重要渠道之一，而且对公众的科学素质水平发挥着重大影响。经世界各国的公众科学素质调查表明，公众科学素质水平与所受教育的程度密切相关，受教育程度越高的公众群体，具备高科学素质水平的比例越高。在现代社会结构中，科学教育已经成为社会教育体系的一个基本组成部分，拥有了一个包括正规的和非正规的科学教育在内的庞大教育体系。目前，发达国家早已普遍实现了基础阶段的义务教育，高等教育也实现了大众化，几乎全部的公民都能获得基础的科学教育，能够接受高等科学教育的人口比例也不断上升，极大地提高了公民群体的科学技术知识和素质水平。

与科技传播与普及的其他渠道相比，科学教育传播有其鲜明的特点和优势，例如，强调知识本身的系统性和教师讲授的系统性，学生可以通过科学教育课程获得某一领域比较系统性的知识，甚至学习到探索和研究科学的重要方法，成长为未来的科学家或专业技术人员。鉴于科学教育传播在科技传播与普及，以及公众科学素质方面的特殊价值，世界各国都特别强调引导和促进学校科学教育的改革，制定了"面向全体美国人"的科学素质基准。同时，世界各国也在持续加大对校外科学教育活动的支持力度，通过科学机构、科学中心、科学博物馆等设施开展了面向公众（特别是青少年学生）的探究性科学教育项目。

媒体传播是当代科技传播与普及的一个基本渠道。我国历次公民科学素质调查的结果均表明，电视、报纸等公众经常接触的大众媒体是公众获得科学技术知识的重要渠道，大众媒体已经成为影响公众科学素质水平的重要因素。无论是报纸、广播、电视这些带有传统特点的大众媒体，还是基于现代信息技术迅速发展起来的互联网等新媒体，因为具有面向广大公众、熟悉公众语言等一系列传播优势，在传播普及科学技术、提高公众科学素质方面都发挥了极其重要的作用。在我国《全民科学素质行动规划纲要（2021—2035年）》中，"大众传媒科技传播能力建设工程"与"科学教育与培训基础工程"、"科普资源开发与共享工程"、"科普基础设施工程"并列为全民科学素质行动的四大基础工程。

包括科技馆、博物馆、天文馆、展览馆、青少年科普教育基地等在内的科普基础设施，同样，在科技传播与普及方面发挥着重要作用。从发达国家科技传播与普及的经验来看，科技馆、博物馆、天文馆、展览馆等科技场馆是科技传播、科学教育、科学普及的重要场所和基地，社会公众通过参观各种科技馆、博物馆、天文馆、展览馆，可以了解许多有价值的科学技术信息，学习大量有用的科学技术知识，并可以通过获取知识，体验科学、增加对科学技术的理解。基于科普基础设施的科技传播与普及具有更加灵活多样的特点，可以通过实物标本展示、专题科技展览、互动性的科学演示、探究性研究项目等多种形式和手段传播普及科学技术。

由政府部门、科学机构组织的群众性科学普及活动也是传播普及科学技术的一个重要渠道，特别是面向全社会的大型科学普及活动历来都受到各国政府和科技界的高度重视。例如，科技周就被世界各国政府和科技界视为进行科普教育的最有效方式之一。科技周活动最早产生于日本，因声势浩大、影响广泛而被世界各国借鉴和采用。目前，许多国家每年都组织科技周活动，通过科技周活动将科学技术带到广大公众身边。我国政府同样也对这类群众性的科学普及活动给予了高度重视，不仅组织了科技活动周（每年5月的第三周）、全国科普日、科技下乡等大型科普活动，而且开展了各具特色的地方性科普活动。

第三节　科技传播与普及模式问题

科技传播与普及模式问题是科技传播与普及研究领域的一个重要问题。但到目前为止，科技传播与普及模式理论还没有很好地建立起来。科技传播与普及在长期的历史发展过程中，形成了许多独具特色的传播模式，经过20世纪以来的繁荣发展，科技传播与普及实践活动形式呈现了更加多样化的特点，科技传播与普及模式也有了新的发展。在社会需求和传播技术（特别是随着各种新技术和新媒体的出现）的推动下，科技传播与普及在未来还会产生更新的传播模式。鉴于科技传播与普及模式的研究还不甚成熟，我们这里只是给出了几个非结论性的分类。

一、基于时空特征的模式分类

科技传播与普及的基本模式区分为历时性传播模式、地域推移模式和空间跨越模式。其中，历时性传播模式是指科学技术的发展和传播的历史进程，即从古代、近代到现代的传播。地域推移模式是科学技术在特定历史条件下的传播方式。由于世界地域辽阔，以前受交通工具和信息传播工具的局限，传播只能以地域推移的方式逐渐延伸。如中国印刷术传到欧洲，就以这种进行传播。空间跨越模式是指利用电话、电报、广播、电视、计算机网络的传播，这种传播模式突破了空间传播的限制，全球信息网络也使信息传播能够即时实现。

这种模式的分类依据是科学技术传播跨越时空的特点，对理解科技传播与普及有重要意义，也适用于研究和分析人类历史上某些重要的科学技术传播普及现象。事实上，所有的传播现象都涉及时间和空间两个方面，科技传播与普及也不例外。如果以科学技术传播体现在时间轴或空间轴上的鲜明特点进行区分，可以区分为历时性传播、跨空间传播两种模式。历时性传播是指科学技术知识信息在时间上的纵向传递，其传播过程具有显著的历史性特征，表现为跨越了较长的历史时期。跨空间传播是指科学技术知识信息在空间上的横向扩散，其传播过程具有显著的空间跨越特征，体现在较大地域内的扩散。当然，任何科学技术的传播与普及活动都会同时涉及时间和空间两个方面，跨越时空是所有科技传播与普及活动的共有特征，而历时性传播、跨空间传播只是就其主要方面而言的。

历时性传播模式对科学技术的传承与发展具有重要作用，如果没有历时性传播的有效支撑，科技成果就无法传承下来，也就无法成为以后知识创新的基础。现今人类的科学技术成就，是在继承前人知识方法的基础上，通过不断创新取得的结果。跨空间传播实际上有两种具体形态：一种是兼有明显历时性特征的跨空间传播，另一种则是相对即时性的跨空间传播。在科技传播与普及不发达的古代，科学技术传播与普及常常采用地域推移的模式，只有经过一个漫长的历史时期，才能逐步跨越广大的地域。例如，中国古代四大发明向欧洲的传播就经历了从中国西部到中亚、中东再到欧洲的逐级传递。这种传播模式就属于兼有明显历时性特征的跨空间传播。利用电话、电报、广播、电视、互联网则可以实现相对即时性的跨空间传播。

自从人类发明了文字、纸张，人类传播就发生了革命性的变化，人们可以利用文字和纸质媒介更好地进行历时性、跨空间的科技传播与普及。随着现代科学技术的发展及其在传播领域的运用，人们又发明了电话、电报、广播、电视等各种电子传播媒介，发展了远程通信技术、卫星通信技术、光纤通信技术等各种快捷的跨空间传播新技术，传播速度效率及便捷程度得到极大的提高，跨空间传播能力也不断提升。基于现代信息技术、网络技术建立起来的互联网和移动通信平台，给人类社会提供了更迅捷的即时传播媒介，为真正实现即时性传播提供了技术基础，这种新技术的应用与普及已将整个世界变成了"地球村"。至此，信息传播的跨越时空问题已经得到根本性解决。

二、基于传播载体的模式分类

任何社会性的信息传播都需要某种特定载体，科技传播与普及也不例外。如果从传播载体的角度区分科技传播与普及模式，大体可以分为以人为载体的科技传播与普及、以物为载体的科技传播与普及和以媒体为载体的科技传播与普及。以人为载体的科技传播与普及依赖掌握和拥有科学技术知识技能的人（传播者）的亲身参与。人是知识技能的载体，通过亲身参与，将自己拥有的知识技能传授给他人。在社会早期传播技术还不发达的时候，这种科技传播与普及模式非常普遍，也非常重要。例如，师传徒受、口口相传就曾是人类社会技术传播的基本形式，古代许多重要的技术成就也常常是通过人口迁徙（或战争中俘获工匠）而实现跨地域扩散的，西方传教士在西学东渐过程中也起到了重要作用。以人为载体的传播存在着很大局限性，容易造成知识技能的失传，但对传递技能型、经验型隐性知识有特殊作用。

以物为载体的科技传播与普及是利用某种实物作为负载知识信息的载体，利用实物的展示与转移来带动知识信息的扩散和传递。例如，博物馆的科技展览展示、消费者购买科技产品、不同地域之间的科技产品交易、国家之间的科技产品进出口等，都可以促进科学技术知识信息的扩散与传递。利用实物、模型、产品的科技传播与普及可以给受众以直观的感受，增加受众的体验，但传播的效率通常不高。

以媒体为载体的科技传播与普及是最普遍的一种科技传播与普及模式，现代科技传播与普及通常使用各种纸质媒介（如图书、期刊、报纸）、电子媒介（如广播、电视等）、网络媒介（基于互联网的各种新媒体）等。与那些以人和物为载体的科技传播与普及相比，这种科技传播与普及模式具有许多特殊的优势，如容易扩大传播的范围、有更高的传播效率、知识信息的可保存性和传播的可复制性也相对比较强等。

三、基于流程特性的模式分类

如果从科技传播与普及流程特性的角度区分，可以将科技传播与普及模式区分为扩散式、单向式、交流式、参与式等。

科学家在报纸上发表科普文章、通过广播电视宣讲科技知识，这种模式属于扩散式的科技传播与普及。扩散式传播面向数量巨大的受众群体，一般要利用公共传播媒介和传播平台，传播者和受众的角色相对固定，信息流动方向也相对单一，但具有扩散性强、传播范围广、传播速度快、倍增效应强的特点，有利于知识信息的大范围扩散。利用大众媒体的科学普及就属于典型的扩散式传播。扩散式传播具有单向传播的特征，存在传播受众在哪里、数量有多少等不确定的问题。

当然，在单向式的科技传播与普及中，受众在哪里、数量有多少等问题是相对比较确定的，例如，有些科技报告会、科普讲座采用的就是单向式传播。在单向式科技传播与普及中，虽然传播者和受众角色相对比较固定，但是反馈通常也很不充分。

交流式的科技传播与普及是知识信息能够在传播者和受众之间双向流动的传播模式。利用人际交流的科技传播与普及通常就是交流式传播模式，在这种传播模式中，传播者和受众可以在交流过程中交换角色，不仅能获得及时反馈，还能使双方就某个话题及时地深入讨论，实现知识信息的交流和共享。民主模型下的科学对话也属于交流式传播模式，科学家、政府部门、公众之间可以就某个科技议题进行充分讨论，最后达成共识。交流式传播较其他传播模式有更好的传播效果，可以传播显性知识，也可以传播隐性知识，在交流过程中也能激发双方的思考。

参与式的科技传播与普及主要是指公众通过参与科学过程获得某种体验或知识的传播模式。在当代科学技术越来越制度化的背景下，普通公众基本上被排斥在科学系统之外，很少有机会亲身参与科学探索中来。但在某些特定的情况下，公众也可以通过参与获得科学的知识和认识，例如，在科技馆中参与体验型、互动性的展览展示项目，参与科学研究机构或科普组织举办的"公民科学项目"，或者是参与某种技术成果的推广应用。通过这种参与过程，公众可以了解相关的科学知识，获得对科学的体验和认识，加深对科学的理解。

四、基于综合属性的模式分类

近年来，在公众理解科学与科学传播的研究领域，有学者开始用"线性"和"非线性"的标准来区分科技传播的不同模式，认为与传统科学普及相应的传播模式是线性的，而当代科学传播强调多元、平等、开放、互动、民主、对话的理念，对应的传播模式是非线性的。这些学者认为，在科学传播实践发展的历程中，直到早期科学普及阶段、公众理解科学运动的前期都认为公众在科学知识方面是无知的，公众需要掌握和理解科学知识，因而强调科学普及就是科学知识的大众化过程。这种认识实际上预设了科学普及就是科学知识自上而下的单向传播过程，是由掌握科学知识的人群向不掌握科学知识的人群传播的过程，科学家（科学共同体）在上，而公众在下。

科学传播学者总结了两个与"线性模式"相应的模型：一是约翰·杜兰特（John Durrant）总结的"缺失模型"，二是史蒂文·夏平（Steven Shapin）总结的"权威解说模式"。缺失模型的主要观点是：科学技术在现代生活中是至高无上的，只有科学技术才是科学的、有效的；公众缺少科学知识，公众需要掌握科学知识，需要提高他们对科学的理解；公众对科学有更多的理解也是好的，公众对科学的理解越多，他们就越支持科学。而在权威解说模式看来，科学事业的专业化和复杂化使外行的公众难以理解，媒体（特别是大众媒体）需要在科学家和非科学家之间架起桥梁，科学新闻记者在科学操作之外，运用语言把科学流程重新加工，传递给受众。许多科学传播学者认为，早期的科学普及坚持的就是这些模型，但随着科学技术的进步，科学传播的模式也在不断与时俱进。当代科学传播模式不再是线性直达的，而是由多种因素共同作用，循环互动，具有非线性特征。他们认为，在非线性的科学传播模式中，普通公众的主体意识被唤醒，他们要求全面了解科学技术的社会影响，要求与科学家以平等的姿态进行对话，从而形成相互交流、共同合作的传播者与接受者的新型关系，与传统的线性模式相比，当代科学传播在传播形式上发生了重大变化，近年来，学者在广泛讨论的民主模型就典型体现了这种非线性模式。

以"线性"和"非线性"特征来区分科技传播模式的方法，实际上采用的是一个综合性标准，区分标准综合了科技传播的基本理念、传播中传受双方的关系性质、科技传播的流程特性等不同方面。从反映科技传播与普及发展演变的角度来看，这种区分方法是非常有价值的。科技传播与普及在发展演变的不同阶段都有其代表性、主导性的传播模式，早期的科技传播与普及更多采用的是线性模式，而科技传播在当代的主导性模式可能是非线性模式。从当代科技传播与普及的现实实践角度来看，自上而下的线性模式和平等交流的非线性模式都是存在的。

科技传播与普及模式具有动态发展的特征，它受社会需求的牵引和传播技术的推动，随着科学技术与社会的不断进步而持续进化。在当代，社会正在迈入以信息技术、网络平台为基础，实现传播技术大整合的时代，新技术的广泛应用和快速普及正在推动包括科技传播与普及在内的整个社会传播的革命性变革。作为一个具有多重优势的传播平台，网络平台集个性化服务和大众化传播于一体，包容"点对点""点对群""群对群"的各种传播类型，现实中的各种传播类型也都很容易移植到网络平台上。利用信息技术和网络平台提供的一系列传播优势与传播功能，科技传播与普及会在未来发展出更新的传播模式，实现科技传播与普及模式的不断创新。

第三章　科技馆科学教育活动探究

　　科学技术是当今社会不可或缺的一部分，现如今对青少年的教育也越来越重视科学教育。科技馆作为科学教育的重要场所，旨在通过多种形式的教育活动，提高青少年的科技素养，培养未来科技人才。本章将对科技馆科学教育活动进行探究。

第一节　浅谈馆校结合对科技传播与普及的促进

　　在当代科学技术与社会快速发展背景下，我国相继颁布了《关于新时代进一步加强科学技术普及工作的意见》《中华人民共和国科学技术普及法》和《全民科学素质行动规划纲要（2021—2035年）》三大纲领性科普文件，由此，科普环境和社会氛围被不断改善，全民参与的科普工作机制也逐渐形成，我国科普事业迎来了历史上最好的发展时期。为进一步贯彻落实《全民科学素质行动规划纲要（2021—2035年）》，共同推动开展了"科技馆活动进校园"项目。以这一活动为契机，各地科技馆、教育部门及不少科普研究工作者加大了对馆校结合的研究力度。为高效利用科技馆科普资源，探索科技馆的可持续发展道路，促进科技传播与普及，有不少新建科技馆深入进行了馆校结合的探索实践。广西科技馆（新馆）在馆校结合促进我国少数民族地区科技传播与普及方面做了一些有益的探索，并获得了良好的社会效益。

一、馆校结合对科技传播与普及的促进

　　科技馆和各级各类学校因其具有独特的资源优势与教育功能，在推动科技传播与普及的过程中有着举足轻重的地位和作用。

（一）馆校结合，研发、推广科普资源包

科普资源包，是广西科技馆基于中小学科学课程和科普体验活动，与学校和教师志愿者共同研发创造出的适合在学校课堂及校外科普场所开展的科技体验活动，符合学校课本教材内容、成本低廉、效果明显的资源系统。这一系统包括课程（活动）的完整方案、课程（活动）所需的工具和耗材、便于搬运和堆积的箱子。推广科普资源包的意义在于让现阶段许多在职的科学课教师或校外活动场所的科技辅导员能以最快速的学习过程，轻松地将科技体验活动在课堂上和活动中实施。科普资源包在广西各中小学推广使用以来，深受教师、学生和家长的欢迎，对促进县乡村中小学开展科技活动效果尤为显著。截至目前，已集成开发出的科普资源包达一百多种，其中，"民族蜡染"、"再生纸"、"磁与电"和"浮与沉"等多套资源包被中国科技馆、中国科技馆发展基金会命名为"科普活动体验箱"，纳入"中国流动科技馆"巡回展出的内容，向全国推广。

（二）馆校结合，推动中小学科学课程教改

近年来，教育部门加强了中小学校科学课程的设置，改革了中小学校科学课程的教材，从某种程度上，这促使了各校将注意力转向了科技馆。作为广西首批重点示范性高中的南宁二中，要求依托科技馆展品，在科学实验的基础上为高一年级开设趣味科学选修课。在馆校的共同努力下，双方合作设计完成了"超导磁悬浮与记忆合金"、"重心与平衡"和"水能点燃火柴吗"等8节选修课程。趣味科学选修课程从试讲开始就受到学生的热捧，让他们逐渐改变了对物理、化学深奥、枯燥的印象，并且从中真正体会到了科学的乐趣。

（三）馆校结合，共同创作科普剧精品

我们所说的科普剧，是指将科普知识、科学实验等编排为戏剧情节，以舞台表演的形式展现出来，用生动的语言、形象的肢体动作、惟妙惟肖的辅助道具，对复杂的科学知识或实验进行演绎的一种表演形式。科普剧的载体可以是魔术、布偶、话剧、歌舞剧等。与传统表演形式不同的是，科普剧更强调与观众之间的互动。它通过科学与艺术的完美结合，通过台上台下、情景现实、演员观众的互动来传播科学知识、科学方法和科学精神，从而激发青少年对科学的兴趣。在"科技馆进校园"活动中，我们发现科普剧是最受中小学生喜爱的科普活动项目。

（四）馆校结合，共建教师志愿者团队

广西科技馆与南宁市教育局共同组建了南宁市教师志愿者团队。志愿者教师来自南宁市各中小学校，他们都是经验丰富的骨干教师，以时任南宁市教育局局长夏建军为团长。组建教师志愿者团队，旨在更有效地组织学校教师以志愿者身份进入科技馆，为公众尤其是广大青少年提供科普教育志愿服务，丰富青少年的课外活动，创新和丰富科技馆科普及实践形式与内容。为建立长效的教师志愿者服务机制，广西科技馆与南宁市教育局明确了志愿者的各项权利和义务，细化了志愿者服务的评估与奖励措施。教师志愿者团队以广西科技馆青少年工作室为基地，每周均举办内容丰富、形式多样的周末公益科技活动。

二、当前馆校结合存在的主要问题及对策

我国馆校结合的理论研究和探索实践起步较晚，尽管在理论和实践上不断创新与突破，但仍面临诸多问题：由于我国应试教育的体制机制尚未根本破除，馆校结合的阻力大于动力，若非学校主动，科技馆的"科学教育"在馆校结合当中往往只能充当学校教育的点缀；由于我国各地区社会经济发展水平存在不平衡的水准，除省级以上科技馆外，地市县级科技馆普遍缺乏与学校结合的展品资源和人力资源；由于缺乏馆校结合的基础理论研究，不少科技馆在建设规划时常常容易忽略为馆校结合留下必要的活动空间，影响和制约了不少新建科技馆对馆校结合教育项目的实施；由于我国科技馆事业呈跨越式发展，在快速发展中尚未建立起完善的馆校结合评估与激励的机制，致使我国馆校结合尚处于自发状态。

要解决和应对馆校结合存在的这些问题，首先，应继续加大我国教育体制和科技体制的改革力度，深入研究并推动我国现行的高考、中考体制的革新，逐渐消除应试教育的弊端，更新学生家长和学校教师的观念；其次，应继续加强我国"馆校结合科学教育"的理论研究，在科技馆发展决策过程中重视科技馆资源与社会各界资源的共享，在政府层面上制定完善的馆校结合发展评估激励政策；最后，应重视对科技馆人才的培养，提高科技馆员工的素质，打造一支专业胜任，能够开展馆校结合科学教育活动的人才队伍。

从广西科技馆（新馆）五年的探索过程来看，馆校结合是科技馆可持续发

展的有效举措。广西科技馆的实践表明，馆校结合能够有效整合科学教育资源，促进馆校双方的科学发展。馆校双方若能找准合作的切入点，就能够充分发挥各自的优势、功能与作用，进而有效促进科技传播与普及。

第二节　浅谈科技馆科普教育活动对知识构建的积极影响

随着现代社会科学技术的快速发展，如何培养和提高国民的科学文化素养已成为世界各国教育发展的一项重要议程。随着我国教育改革的深入发展，公众也逐渐意识到，要培养青少年的科学文化素养，反靠单一的学校教育已不足以满足青少年对科学教育的需求。科技馆是新型的科普教育基地，面向社会公众普及科学知识，拥有传播科学思想和方法的科普教育设施，是重要的科普文化宣传窗口。科技馆不仅是青少年校外教育的重要阵地，也是学校教育的有效延伸和补充。此外，还应加强与中小学校的联系和合作，搭建科技馆与学校教育资源共建共享的合作平台，以丰富、多样的科普活动，为青少年构建良好的科学知识体系，提高他们的科学文化素养，这对我国当前大力推进的素质教育将有巨大的推动作用。

科技馆作为重要的科普教育基地，有责任和义务为提高青少年的科学文化素质、构建学习型社会而服务。随着科技馆教育职能的逐渐加强，应充分利用科技馆科普资源的优势向中小学开放，为青少年的科普教育服务，为培养创新人才奠定基础。

一、科技馆科普教育与知识构建的关系

建构主义学习理论认为，学习并不是简单的知识传输和叠加，而是学习者自己主动建构知识的过程，"学习是建构内在心理表征的过程。学习者并不是把知识从外界搬到记忆中，而是以原有的经验为基础，通过与外界的相互作用来建构新的理解"。因此，我们在进行学习时并不是教师向学生单向地传输文化知识，也不是学生被动接受的过程。学习是学生在生活或学习的过程中形成已有的知识认知和经验度基础上，通过与新知识、新经验之间相互的反复作用来完成的。同时，建构主义学习理论还认为，学生对知识的学习

并不是仅局限于教师在课堂上讲授的讲义、课本，以及文字、图书等信息，而是学生依据已有的经验，通过自己的方式建构起对知识的理解和对世界的认知。

科技馆教育是以传播科学文化知识，培养科学素养为导向，以培养青少年科技创新意识为主要目标。科技馆科普教育活动在知识构建上并不为青少年提供系统、全面的知识体系，更多的是提供零散、随机的知识模块。通过丰富的科普展品、展览及科普活动，为青少年在参与活动的过程中营造一个培养观察、思考和创造能力的实践环境，在观察、思考和实践中加深对知识的理解与应用，最终在活动中对原有的知识构建形成影响。

二、科技馆科普教育活动产生的积极影响

随着《全民科学素质行动规划纲要（2021—2035年）》的全面落实和深入贯彻，科技馆科普教育工作得到了长远的发展，围绕素质教育和探究式学习模式，形成了丰富多样的科普教育形式。科技馆科普教育活动主要有常设科普展览教育、短期专题展览教育、科普实践活动、交流培训等形式。这几种教育形式虽然在空间上是独立分开的，但彼此之间是相互穿插和渗透的，例如，常设科普展览的展品大多具有互动性，使参观者在操作的过程中能够进行观察和实践，而在青少年科普实践活动中，系统的知识体系也会涉及展品展示的原理。科技馆通过增强科普教育活动的科学性、知识性、趣味性，激发青少年的学习兴趣和创作灵感，挖掘创新潜力，构建完善的知识体系，从而达到提高青少年科学素养的目的。

（一）充分发掘常设科普展览展品的教育性

学习不仅是从别人的讲述或教授中获取知识和经验，还可以通过对事物的观察和分析中获取。常设科普展览的展品都是依据一定的科学原理进行设计制作的，并充分体现其知识性、趣味性、互动性，让青少年和观众在观察与操作的过程中了解其科学原理，从而加深对科学现象的理解。例如，当孩子在体验展品"自己拉自己"时，和同伴比赛，以同样的频率拉动绳子，但上升的速度和所用的力量明显会不同，通过观察会发现两组绳子设置的滑轮会有所不同，结合讲解或展品说明，他们就可以分析、推测影响上升速度的因素在哪里，这会影响他们对滑轮及杠杆的理解。

常设科普展览通过充分利用馆内的展品资源，使一些互动展品和学校教育很好地结合起来。在进一步挖掘这些展品的科普教育功能时，注重与孩子的实际生活、学习相联系，以激发他们对科学的兴趣和热爱，使科技馆科普资源的有效利用率在最大限度上得到提升。虽然常设科普展览的展品是独立个体，但每个展品往往蕴含多个知识原理，观众可以通过反复地观察和体验来不断验证知识原理，进而丰富或调整自己原有的知识认知。虽然展品之间似乎没有连贯性，但可以按照知识的联系性将相关展品组合在一个区域内，通过不同展品展示一个较为完整的知识体系。例如，广西科技馆常设科普展厅中的"流体之韵"展区，通过"气流投篮""听话的小球""机翼与小球"等6个展品，从中了解空气动力学伯努利原理在不同情况下展示出的现象。观众通过观察和体验展品展示的现象，不仅了解了伯努利原理，还可以对日常生活中"飞机为什么能飞""香水瓶为什么能喷水""投出的旋转球为什么会转弯"等问题与现象进行思考和探究，甚至可以激发孩子强烈的求知和探索欲望，从而影响其对原有知识的构建。

（二）结合热点发挥展览活动的知识宣传效应

学习不仅可以通过阅读文字、观察图片获得，还可以在与人交流的过程中积累知识和经验。在阅读、观看、交流的过程去理解他人通过多种途径建构起来的知识经验。

科技馆为充分发挥科普宣传阵地的作用，会根据社会热点及时推出相关专题的临时展览。虽然临时展览仅仅是对某一点或某一方面的知识进行宣传，但是能对该知识进行更深刻和全面的阐述。当时由"苏丹红一号"引发的食品安全问题席卷全国，广西科技馆及时推出了食品安全专题展览，通过丰富的图片、权威的医学报告和社会评论，向公众全面解释了什么是"苏丹红"，以及指出日常生活中食品安全的问题和误区等，为公众消除疑惑，普及相关科学知识；广西科技馆与地震局合作，结合四川大地震、云南盈江大地震、日本大地震等事件精心筹划，推出了"地震、海啸、核辐射大型科普知识图片展"。通过极具冲击力的图文形式，向公众普及了地震、海啸和核电的相关科学知识，并介绍了由大地震引起的海啸、核辐射的成因及应对措施，唤起公众进一步增强防震减灾意识，提高科学应对自然灾害避险避难和自救互救能力。展览通过大量的图片，有针对性地对某一点或某一方面的知识进行深入解说，让广大青少年在参观、交流的过程中留下深刻印象，并从中获取相应的知识与经验。

（三）在科普实践活动中"玩科学""学科学"

学习还可以通过科普实践活动实现知识与经验的获得。人们以原有的知识经验为基础，对事物进行观察、操作和实验等活动，在实践中直接获取知识，同时对活动的过程和结果进行分析、判断、推理、归纳、总结等，最终建构和丰富了事物或活动的知识与经验。科普实践活动让青少年在愉快和自由的环境中"玩科学""学科学"，增强其学习科普知识的兴趣。

随着我国教育改革的不断深入和发展，社会对人才动手实践能力的要求也越来越高，科普实践活动也逐渐成为科技馆的重要活动内容之一。例如，广西科技馆青少年科学工作室在发展的过程中，秉承"做中学"的理念，结合小学科学课程的知识点，开发出电磁、沉与浮、气压、八大行星、多彩植物等系列课程，由点到面，由浅入深的将多个知识点连贯起来，让学生在开展实践活动的过程中对知识有一个系统、完整的认识。在开展系列课程中，要求学生以小组形式合作解决问题，包括互动小游戏及小组讨论等，在科技辅导员的指导下，促进小组成员之间进行恰当的沟通互动，在面对不同的观点时，小组成员要学会厘清和表达自己的见解，以及理解他人的想法，从而在批判和反思中看到问题的不同面。在实践操作的过程中强调观察和归纳总结，让学生结合自己在日常生活中的经验进行交流讨论，通过一系列课程的观察、操作和实验，去印证原有的认识和别人的看法，从中理解原有的知识或调整错误的认识，从而更好地掌握知识的应用。

（四）发挥科技培训学习交流平台作用

虽然每个人拥有的知识来源可能都不尽相同，但学习本身就是一个建构的过程，是通过原有知识和新学习的知识之间相互作用来实现的，培训则是集中具有同一需求的人们共同学习，统一知识的来源和学习的进度，是现代社会人们提高学习效率的有效手段之一。科技培训是科技馆教育功能的重要内容，培训依托馆内的硬件设施，迎合社会人才教育的需求，着重提升社会工作人员的专业继续教育水平，同时强化青少年的素质教育培训，开展形式多样、内容丰富的培训课程。

科技馆的科技培训，针对不同群体的需求，由专业的培训教师开展不同的、具有针对性的培训课程，从而提高其学习和工作能力。例如，广西科技馆科技培训部开设的少儿培训班，开展手脑速算、识字拼音、围棋、幼儿故事、手工、少儿主持表演、书法、国画、儿童画、小歌手器乐等培训内容。通过聘请教学经验丰富的专业教师对青少年的兴趣、特长进行针对性培训，科学的课程设置和教学内容为他们的兴趣、特长提供更加专业的知识与技能指导。如广西科技馆在开展广西中小学生发明创造示范单位骨干教师培训班的工作中，开展培训课程"专利信息及专利申请应用实务"，不仅讲述了专利的基础知识，还着重对专利申请的流程和专利资助的减免政策进行了详细介绍，为骨干教师解答了许多在专利申请过程中遇到的疑难问题；开展培训课程"开拓创新实现伟大祖国的强国梦"，其中用了大量的图片和实例来介绍了国内外优秀的青少年发明创造作品，大大开阔了骨干教师的眼界和思维，尤其是对学校创新教育理念和体系构建的介绍更是引起了他们极大的兴趣。通过开展培训交流活动，将具有同样需求的人群集中交流，指导学习、工作的理念和技能，不仅是对知识的丰富和扩充，还是对知识的强化学习，并促使学员不断完善和修补已有的见解，这将会有效地提高青少年科普教育工作者的工作效率和指导水平，最终促进青少年科学素养的提高。

近年来，各地科技馆在中国科协的指导下，还积极开展了"科技馆活动进校园""流动科技馆"等活动，把形式多样、内容丰富的科普展览、科普剧、科普实践活动送进校园。一系列的科普活动不仅丰富了校园的文化生活，还充实了他们学习过程中构建的知识框架，更好地激发了学生热爱科学、学习科学的兴趣。

科技馆作为学校教育的有力补充，其重要性正日益得到广泛认可，例如，在青少年素质教育中的重要性也已得到了越来越多的认可。科技馆应继续加大与中小学校的联系和合作，加强科技馆教育与学校教育之间的衔接。另外，要充分发挥科技馆场馆设施和丰富的活动内容等优势，结合学校课程和教学的需求，开发出更多适合青少年发展需求的互动体验展品、展览、科普实践活动，以及培训活动等，因地制宜地帮助学生构建知识框架。努力充实科技馆教育的内容与形式，使科技馆成为学校科学教育的延伸和实践基地。努力为我国全民科学素质的不断提高发挥积极作用。

第三节　浅谈科技馆与学校教育的结合

　　21 世纪是科技迅速发展的时代，也是我国实施科教兴国的重要时期，青少年是我国的未来与希望，提高青少年的科技意识和素养是我国实现伟大复兴的重要途径，科技馆理应成为科普教育的主阵地。青少年是我国的接班人，是国家的未来和希望，提高青少年的科技意识和素养，是关乎民族前途的大事。因此，要通过各种各样的方式加强青少年学生的科学教育。在我国，青少年接受科学教育主要是在学校里，学校科学教育资源有限，因此，科学教育水平非常有限。而拥有丰富科普资源的科普场馆，作为科普教育的主阵地，理应通过各种方式参与青少年科学教育中来，利用自己的优势，与学校教育结合，共同提高青少年的科技素质。

　　我国正在进行新课程改革，但我们所说的素质教育应是一种大教育，应包含学校教育及青少年科普教育两个方面。如果说我们的学校教育在某些方面需要改革，那么在青少年科普教育方面则显得尤为薄弱。素质教育既对我国青少年科普工作提出了挑战，同时也创造了发展的机遇。随着我国学校素质教育的展开，学生的课业负担将逐渐减轻，学生及其教师、家长会越来越希望学生多参加课外科技活动，以增长见识、经历和提高能力。

一、科技馆与学校教育的关系

　　现代科技馆与学校教育是相互统一、相互促进、不可分割的关系，科技馆为学校教育提供了一个更广阔的平台，它能弥补学校教育在科学教育方面的不足，使教育的内容更丰富，形式更多样，是学校教育的重要补充。

　　1.科技馆的教育内容是学校教育的重要补充

　　学校教育中的科学教育强调学科本身的系统性，而科技馆中的内容，处处彰显科技的信息，无论是展厅的展品展项，还是科普活动的设计，都涵盖了多个学科领域的知识，对激发学生兴趣和开阔视野有重要作用，还留有充足的自我发展与想象空间。

2. 教育形式上与学校教育形成互补

科技馆将各类基础科学知识以生动、直观、互动的形式展现出来，通过展品体验、科普剧表演、实践制作等逐步渗透的方式，学生能解决在课堂教育中不易解决的问题，对拓宽青少年的视野，培养青少年的观察能力、思维能力、动手能力和创造能力具有重要意义。相较于规范、严苛的学校教育而言，科技馆的教育环境更加宽松、自由和舒适，而且不受时间的限制，是一种自主探究性的教育氛围，更易于学生接受。

3. 教育资源上与学校教育形成互补

科技馆的各类资源，无论是硬件设施，还是软件环境，都是围绕科普教育这一目的，在教具器材等方面比学校更加丰富和先进，而且有专职的辅导教师为其答疑解惑。因此，学校教育应充分利用科技馆的教育资源为学生服务，科技馆也应加强与学校教育的合作，拓展自己的服务功能，使自身资源得到更充分、有效的开发与利用。

4. 教育目标上与学校教育相互弥补

科技馆教育注重培养能力和提高素质，与现阶段学校教育存在追求分数的功利性倾向形成鲜明对比。当前我国由于升学、就业的压力，家长、教师、学校、学生一致达成了追求"成绩目标"的成就协议。通过对参观科技馆的学生进行的测试证明，科技馆的确能为学生提供一种以提高能力为动机的引导取向。学生通过在科技馆的自主学习过程中普遍感到深受启发，这不仅激发了他们的学习兴趣，还引发了学科志向。在学校教育动机功利主义盛行的今天，科技馆的发展是必需的、迫切的。

5. 教育效果上为学校教育助力

科技馆具有趣味性、科学性和实践性的特点，无论是展厅的展品展项，还是策划的各类科普活动，以及精彩纷呈的电影影片等，都利于引发学生的兴趣。通过参与和体验这些展品与活动，会达到在"玩中学"的效果，不仅能激发学生对科学的兴趣，启迪他们的科学思维，还能提升科学素质。素质教育就是以培养学生的创新精神和实践能力为重点，坚持学习书本知识与投身社会实践的统一，为学生的全面发展创造相应条件，而科技馆恰恰是学生开展社会实践的重要基地，是提高学生科学素质的有效平台。

二、科技馆与学校教育结合的现状

全国各地都掀起了科技馆的建设热潮，无论是省级场馆的改扩建，还是地市级场馆的新建，都表明科技馆的作用已得到了社会各界的认可。从当今科技馆的发展现状来看，各个科技馆已不再停留在以常设展览为主导的教育功能的发挥上，而是充分利用科技馆这一教育阵地，逐步开发设计各类科普品牌活动，同时，充分发挥流动科技馆的作用等，以此来拓展科技馆的教育功能。如今，已有不少科技馆免费向中小学生开放，学生可以随时到科技馆参观体验，并参与各种科普活动，这种形式得到了学生和家长的积极响应。虽然科技馆的这一举措使教育功能得到更大发挥，但是也还存在一些问题。

1. 对科技馆的认识不足

学生对科技馆的认识尚停留在较浅层次，有的甚至只是把科技馆当作游乐场所，而忽视了其教育功能。

2. 到科技馆的目的不明确

学生到科技馆开展实践活动的随意性较大。由于受到时空条件的约束，学生重复来科技馆的次数并不是很多。虽然也有学校组织学生参与科技馆的实践活动，但受客观条件的制约，次数有限。而学生自发到科技馆的行为也较为随意，目的性不强。

3. 科技馆与学校教育资源重复

科技馆的教育培训课程与学校科学教育有重复之处，有资源浪费之嫌。由于各地的学校较多，而科技馆数量较少，在部分课程设置上有可能重复。

4. 科技馆活动不连续

受经费或人力资源的限制，活动开展不连贯、不定期。因为科技馆的运行经费有限，在活动开展方面投入的经费是一定的，所以活动开展不连续。

5. 科技馆培训受其他因素影响

受功利性、社会性影响，各科技馆开设的培训中有相当数量的学校文化课程培训，其根本目的在一定程度上还是为了应对考试。

三、科技馆与学校教育结合的措施

1.结合学校课程改革，开发更多适合学生的实践活动

随着课程改革的深化，科技馆应根据新时期素质教育的目标和任务及学校教育的需要，在现有的展览教育、培训教育和实验教育的基础上，以培养学生的创新精神和实践能力为重点，精心设计开发与学校教育相结合的活动项目，更好地发挥科技馆的教育功能。同时，可以邀请在校的科学课教师，共同开发符合学生发展的课程资源。

2.积极开展青少年科技比赛活动

定期开展各类科技赛事，通过机器人大赛、科技创新大赛、科技夏令营等活动，加强学生对科学的兴趣，同时，利用科技馆的培训场地，针对不同年龄段学生开设各类科技实践课。鼓励学生进实验室、动手做科研、参加科学调查体验活动。

3.发挥流动科技馆作用，促进科技馆进校园活动的有效开展

为发挥科技馆的功能，让更多学生尤其是偏远地区的学生了解科技馆，接受科普教育，可继续推进流动科技馆巡展，科普大篷车进校园、进社区等活动，将科普知识送到学生的身边。

第四节　浅析全媒体时代背景下科普场馆科学教育活动的设计与实施

新时期随着新媒体技术的发展，人们获取科学知识的途径日益丰富，选择性也随之扩大，增加了科技馆吸引观众进行科普学习的难度，科技馆作为科学技术展示的前沿平台必须与时俱进，引进借助新媒体技术传播科普，使科技馆成为传播科普的重要场所的同时也成为展示新媒体技术的平台。进行知识传播不是科技馆的终极目标，而是要传播科学思想和科学方法，让公众主动学习、在公众学习的过程中实现科学教育、鼓励公众进行科学实践，并将其中蕴含的科学方法、科学精神、科学思想及科技创新理念潜移默化地传递给参观者，如何转变科学教育理念，提高科技馆对公众的吸引力，进而提升科普教育的效果，应从以下几个方面来提升。

1.将新兴信息技术的独特优势，巧妙融入科学教育活动中，吸引公众的眼球，激发公众参与活动的兴趣

在以往科普场馆的科学活动设计中，多数活动以动手做科学实验为主，目的是吸引公众体验科学，调动公众参与活动的积极性。对于具体形象的物体，动手做科学实验，能提高公众，特别是青少年的动手能力，这样的活动形式区别于他们在学校中的课堂教育，能让孩子在科技馆玩得开心，学得尽兴，但在一些需要启发想象力的课程中，单单只是运用动手制作的形式来开展教学，具有一定的局限性，不能很好地激发他们探索科学的热情。比如，天文活动中对星座的认识，以往的天文课教学都是以场馆教学为主，通过场馆内摆放的观测仪、卫星模型、动手制作星体等方式吸引青少年参与活动，但随着信息技术的发展，原有的动手制作和只是简单地看星云图、天文视频等手段不足以满足孩子的好奇心，他们更热衷于能够置身美丽的星空中，近距离地感受宇宙的浩瀚。另外，科技馆长期性开展户外天文观测的条件非常有限，除去人力、物力紧缺不说，户外交通安全也是一个重要的问题，于是，聪明的科技辅导员想到了 Star Walk for iPad 互动式的天文指南这一应用程序。Star Walk 是一个让你接近星空和天文学的应用程序。该应用程序包括恒星列表、星座列表、行星列表和梅西耶天体列表，以及关于月相变化的信息，并在维基百科中描述天体条目的链接。此外，Star Walk 还有"时间机器"功能，此功能可以让观众观察恒星的位置。通过它，孩子能感受到星空的美丽，尤其是在夜色下，当你把 iPad 对准夜空，就能进入这一程序，它便会自觉地显示出你所在区域内的星座，从而能够近距离感受宇宙的神奇和美丽，这使孩子很兴奋，不仅给他们带来感官、视觉冲击，还激发了他们的好奇心和探索星空的欲望，并且运用这一信息技术更好地传授了天文学中认识星座等基础知识。另外，广西科技馆自主研发的切水果游戏，这是现在所有手机里都有的游戏之一。我们大胆尝试，运用体感游戏技术，把它放在科普展厅里，突破了以往单纯以手柄按键输入的操作方式。通过肢体动作变化来进行（操作）切割水果，通过这样自主体验的新型游戏方式，公众在玩游戏的同时，能认识、了解到许多水果的相关知识，并且记忆犹新，从而引导其主动接受知识，提升公众参与度。

2.转变传统讲解模式，结合多媒体技术，将科学知识内涵表现形式多元化

传统的展览教育模式主要通过常设和短期展览，以参与、体验、互动性的

展品及辅助性展示手段，以激发科学兴趣、启迪科学观念为目的，对公众进行科普教育，而科技馆讲解通常是基于展品的科学原理来传播科普知识。但随着信息技术的发展，这一传统的讲解模式已不能满足广大公众的需求，他们不再只满足于展品科学原理的严谨性、科学性，而是对活动的趣味性有着更高要求，并且面对不同知识层面的观众，讲解方式也要与观众的接受能力相结合，这样才能有效地传播科普知识。这就促使科技馆由原有传统课堂教学式讲解向互动式新模式转变。如专题讲解"小水滴历险记"，是通过塑造"小水滴"这一被赋予生命的卡通形象吸引观众和它一起进入奇妙的历险记里。"小水滴"原本是无色无味的，今日却散发着臭味，从而引出南宁市内涝、垃圾污染等事件，利用融合集文字、图像、声音、视频为一体的多媒体，展现出"小水滴"历险过程中遇到的"章鱼""小鲤鱼"等卡通形象。通过设置海洋水世界的情境，揭示海水富营养化污染的严重性，使人们深切地感受水污染的严重程度，从而唤醒他们的环保意识，以更好地爱护水资源；"玄妙的回音壁"中，回音壁的科学原理是依照北京天坛的回音壁原理来制作的，但是有很多人没有去过北京天坛，为了让他们更好地理解这一原理，通过播放观众体验北京天坛回音壁的视频，运用PPT将声音在回音壁里做全反射的原理图展示出来，公众能对回音壁科学原理有直观、清晰的印象，以便更深刻地理解科学原理。其中，在讲到声源是如何发出时，通过PPT展示了水滴落入碗中产生水纹的动画效果，形象地说明了声波和水波一样，都是以波的形式传播和产生。这种设计丰富了表现手法，使其具有生动的表现力。可见综合性、多维度、互动式的讲解模式是多媒体课件带来的讲解模式的突破。这样一来，突破原有纯人工讲解的枯燥、乏味，提高了活动的趣味性、互动性，增强了公众学习科普知识的主动性。

3. 利用网络技术，结合当地科普资源现状，设计符合当地公众需求的网络游戏

科学活动的设计有时候就像是戏剧文学中剧本的创作，既然是科学普及于公众，那么取材设计时要符合大众的需要，科普展示要不断地吸纳和应用新技术，创造符合时代特征的展示方式和手段才能满足日新月异的展示主题与内容。比如，运用网络游戏普及科学知识，这其实是流动科技馆展品设计给予的启示。流动科技馆受到场地、设施等一些环境因素的限制，不能将科技馆现有的展品都搬到基层，为弥补这一现状，一些科普知识不一定要以展品的形式来表现，而是通过网络游戏来传播。网络游戏是网络科普的重要阵地，网络游戏

在科普中具有广泛的应用。利用网络游戏进行科学普及,将是一个全新的模式。以互联网为数据传输介质,开发出具有科学性、知识性和教育性的网络游戏内容。通过满足社会公众教育需求,更加容易为家长和教师所接受,这些游戏以教授知识技巧、提供专业训练和模拟为主要内容,不仅能实现人与机器互动,还能为自我探索、自动提示提供一种个性化、互动性的全新自主学习体验,也有助于激发学习的创造力和创新意识。例如,流动科技馆数学展品的数字游戏,通过网络游戏"孙膑和秦王赛马",观众在体验的时候,可以自主选择强、中、弱三个层次的马来考虑对决等,来体验数字游戏中的排列组合关系;在用电安全这一环节,也是通过闯关游戏的设置来了解用电安全知识。这些都是与生活息息相关的科学知识,符合公众需求,并且流动科技馆网站的游戏人物大都是以卡通形象为主,活泼可爱,让公众有想继续玩下去的冲动,具有很强的娱乐性和趣味性,进而实现玩中有学的理想效果。这对科学普及势必是一个良好的效果,尤其是对青少年,吸引力更强,使科学传播的效果更理想。这样一来,实践性更高、参与性更强,达到使公众感受科学、激活创新意识的目的。

4.运用多媒体技术,在科学教育活动中融入艺术元素,体现科普与艺术的融合

如何将深奥的科学原理和复杂的科学技术传播以艺术形式传播给观众,这是我们一直以来都在探讨的问题。科技馆最具有艺术性的莫过于科普剧这一美轮美奂的艺术表现形式,但是创造一部科普剧需要专业的编导、有一定表演经验的演员和一定的经济支撑,成本较高,在人力资源缺乏的情况下,多媒体技术有效地弥补了这一缺陷。广西科技馆专题讲解中利用多媒体技术具有文本、图形图像、音频、动画、视频等演示方式,营造生动、直观、形象的情景氛围,展示各式各样可爱漂亮的卡通形象、环境情景,充分调动公众的视觉、听觉,使参观者的大脑皮层产生多个兴奋区,以达到对所学内容深刻理解、记忆持久的效果。有资料表明,年度性的美国圣丹斯电影节设立了"传播科学或表现科学家最佳影片奖"奖项。除了赞助圣丹斯电影节外,斯隆基金会还举办具有科学含量的故事片脚本大赛。艺术博物馆和科普场馆本来是两类截然不同的机构,但是,由于艺术与科学的内在关系,很多爱逛博物馆的观众都渴求多方面的知识,英国伦敦的泰特现代美术馆现在也加入了科普行列。它不时举办具有科普含量的艺术展览,深受观众欢迎。可见,在新时期,公众对科普还是艺术的需求已不只是停留在单一的表现形式上,而是更渴望感受两者的完美融合。

在全媒体环境下，信息技术飞速发展，科普场馆开展的科学活动及展览策划不再只是单纯的以科学知识和科学内容为中心，而是以做为中心，以感受为中心。在做的过程中，掌握科学的技能和方法，掌握科学的本质和自然规律，感受科技的魅力，智慧的结晶，促使受众人员像科学家一样去关注自然，关注人类，像科学家一样去思考。全媒体技术包含的概念不仅是信息技术、网络传媒，也包含着传统的电视、报纸等媒体，在科学活动的设计中始终不能摈弃。举例来说，广西科技馆小小志愿者的表演活动，只要有新闻媒体介入，他们的表现欲望就会被激发起来，甚至是超常发挥。所以，在传统媒体和新兴媒体有效结合的全媒体时代，如何有效发挥各自优势设计科学活动，是我们一直要探究的问题。

第五节　浅析如何设计科技场馆青少年科学教育活动

科技馆是实施科教兴国战略，提高青少年科学文化素质的重要校外场所，它通过提高教育功能和服务功能，利用资源优势对学校基础教育进行补充和延伸，在素质教育中发挥着重要的作用。大多数科技馆主要是依靠展览式教育的方式，结合科学性、趣味性、参与性较强的展品展项，让青少年在观看、参与的过程中了解科学原理，提高科学素质，以此来弥补学校教育过于单一的问题。但是，随着教育意识的转变，传统的展览式教育已经不能满足人们的教育期望。因此，我们要探索一种新的教育模式来丰富并拓展科技馆的教育功能，这就是利用青少年的好奇心和探究欲望，设计具有科学性、时代性、区域性、参与性、趣味性、艺术性的青少年科学教育活动。让青少年在科学教育活动过程中提高求知、探索、创造的能力，增强学习科技知识的自主性，实现从被动接收到主动思考的实质转变。青少年科学教育活动将成为科技馆展览式教育不可或缺的有益补充，成为科技馆每个高潮和热点的再现，也将成为科技馆可持续发展的关键和重点，开展青少年科学教育活动是科技馆发展的必然趋势。

如何设计青少年科学教育活动，我们认为应从以下几个方面来入手。

一、保证青少年科学教育活动的科学性

科技馆常设科普展厅存在着展品内容简单缺乏创新，展项活动互动性、趣味性不足，科普人员匮乏等制约科技馆科学教育功能建设的一系列问题，导致其教育功能不强。要想提升科技馆的科普教育功能，通过青少年科学教育活动来弥补，那么结合原有展品、展项设计的青少年科学教育活动，科学性就必须是其核心和目的，活动必须准确地表达其反映的科学知识内涵。为做到这一点，广西科技馆项目组就如何提升已有展品的教育功能，研发更具探究性的科普展品，创新科普活动形式等内容，与广西师范大学合作，共同设计科学活动，提出了"特色展教资源研发与科普活动设计以提升科技馆科学教育能力"的整体解决方案，并申报了广西壮族自治区科技厅"广西科学研究与技术开发计划项目"课题。希望从展品角度，研制出更具探究性的科普展教资源；采取"展教资源研发＋基于特色资源的科普活动"的设计与行动研究，有效解决科技场馆普遍存在的科学教育能力不足的问题；高校科研与科技场馆深度合作，通过科学系统设计与有效实施，保证了研究应用的科学性。

二、突出青少年科学教育活动的区域性

正所谓"一方水土养一方人"，在某一区域内，无论是其个人价值观还是大众价值观都会受到该区域文化的影响。青少年作为祖国的未来，除了要全面提高科学素质，对本地区的地方特色也应该有一个初期认识，所以青少年科学教育活动要适当结合本地区的区域特性。广西属于多民族聚居的少数民族地区，有悠久的民族文化积淀，为弘扬民族文化，广西科技馆除了展示基础学科的常规展品外，还设置有数字广西、虚拟游漓江、壮锦与绣球制作工艺，以及广西资源等特色展项展品让青少年了解本土文化和家乡美景，对广西当代社会发展面临的社会问题、亟待解决的科学技术有一个粗浅认识，然后在此基础上深入地开展民族蜡染、制作绣球等区域性科学教育活动。蜡染是其中非常有魅力的一项活动。它的制作工艺易于学习，制作效果极具特色，对青少年来说，具有很大的吸引力。为此，广西科技馆科学工作室的工作人员特意请来了民间老艺人，请教传统蜡染的制作工艺流程，并通过自主研发，把难以获取的传统

原料蓝靛、土布改良为工业染料和机织白布，使用常见的毛笔代替蜡刀，还研制出了专用的电热蜡锅，来缩短工艺耗时。实现成功改良后再将民族蜡染放入个性印染工作室这一活动区域来开展，让青少年通过手工制作，亲身体验蜡染的制作过程，并展开思路，制作出具有蜡染效果的作品。青少年对把自己心里的美好愿望通过手工制作的方式把它展现出来这一形式非常喜欢，前来预约制作蜡染的学生非常多，工作室已不能满足广大青少年制作蜡染的热情需求，随后广西科技馆改变模式，和中小学、广西电视台三方合作，推广"青少年科学工作室科技活动进校园"的一系列活动，到各个学校开设蜡染课，让更多学生体验制作蜡染的乐趣，让青少年"动手做，做中学"，拓宽知识面，激发对民族文化艺术的热爱之情。

三、体现青少年科学教育活动的时代性

科技始终是站在时代的前列和实践的前沿，是在大胆探索中继承发展。而青少年科学教育活动也必须与时俱进，顺应政策改革的需求、捕捉社会热点，以青少年乐于接受的方式传播热点科学，引导青少年学科学、爱科学。为唤起教师的教学热情，激发学生的内在潜力，建构人生发展体系，让学生发展走向健康之路。广西壮族自治区教育厅组织实施了《广西普通高中课程改革实施方案》，入学的高一新生将全部实施新的高中课程体系。新课程由必修和选修两部分构成，课程改革后，学生可以自主选择选修课程。广西科技馆作为广西素质教育的重要校外场所，积极响应这一教育政策的实施，与南宁市第二中学合作，以展品为基础开发出了一系列极具参与性、趣味性的科学选修课程，积极地配合和推进广西普通高中课程改革。

四、提升青少年科学教育活动的参与性

科技馆的展品应以动态展品为主，而在动态展品中，青少年能亲自动手参与的展品应占全部展品的 90% 以上，但仅仅是主动地参与展品体验，被动地接受科学知识这种参与性还是远远不够的，开展青少年科学教育活动不但要提升这种常规的参与程度，也要创新参与模式，让青少年成为传播科普知识的主人翁，利用青少年成就感和被肯定的需求使他们在担任传播科普知识重任的过程中实现自我满足，感受自我价值实现的魅力，从而更深层次地爱上科学。广西科技馆为探索拓展科技馆科普教育，引导青少

年参与科普活动，使科技馆科学教育更贴近青少年心理，发挥校外科学教育活动场所的示范带动作用。它利用青少年的思维、语言和表演更贴近同龄观众的优势，对"小小志愿者"进行礼仪、个人讲解、团体讲解、科普剧表演等内容的培训，让"小小志愿者"担任讲解员，参与展厅的讲解和科普剧表演活动，并引导他们自主开发科普小实验，通过这种主动式的参与提升科技馆传播科普知识的影响力。这种青少年志愿者科学教育服务活动，不仅能激发参与者自身学科学、爱科学、用科学的兴趣，培养他们"无私、友爱、互助、进步、奉献"的志愿者精神，而且能有效地影响和带动广大青少年参与科普活动，从而大大拓展和提高了科技馆的科普教育功能。"小小志愿者"也将成为广西科技馆青少年科学教育活动的重要组成部分，为开展科学活动设计和科普资源研发提供人员保障，为建立与教育部门的合作机制打下坚实基础。

五、提升青少年科学教育活动的趣味性

青少年对周围世界有着强烈的好奇心和探究欲望，他们乐于动手操作具体形象的物体，容易被有趣的事物所吸引。因此，提升青少年科学教育活动的趣味性，以有趣的内容、道具、形式，给青少年带来感官、视觉冲击，吸引青少年体验科学，主动参与科学制作，培养科学兴趣和科学精神是所有青少年科学教育活动开展的目的所在，而青少年科学教育活动的趣味则很大程度上表现为动手制作及主动参与。"科学玩家"系列科普体验活动就是利用青少年乐于动手操作的特点，通过小道具、小制作让青少年在动手中学习，在学习中成长。活动至今已成功举办了 5 期，每期活动在内容和形式上都有所创新。以第 5 期为例，活动内容上新增了光学、空气、动力学等有趣实验，活动系列也增至 12 个，这极大地满足了广大青少年对"学科学，玩科学"的需求。例如，在空气系列中，青少年可以用简单的气球、蜡烛、打火机、易拉罐、水瓶、卡纸等实验器材，在教师的帮助下探究空气炮及空气火箭中瓶子的大小、气球的大小和空气动力大小的关系，这种动手制作参与的形式大大提升了青少年科学教育活动的趣味性，吸引青少年学生近 1500 人次。为从整体上提升科技馆传播科普知识的趣味性，除了周一至周五在工作室的 5 天系列课程，"科学玩家"体验区还在周末延伸至科技馆序厅，为到常设展厅参观的孩子准备了有趣的体验课程，其中既有深受孩子喜爱的"机器人极速搭

建"和"机器人完美复制"课程,也有"自制洗手液""自制叶脉书签""自制再生纸""魔幻水彩画""民族蜡染"等与生活息息相关的小制作课程,实现了真正的趣味课外教学。

第四章 科技馆科学传播

科学传播涉及三个方面的问题：科学家之间的交流、科学教育和科学普及工作。这三个方面组成了科学传播系统。从科技馆的活动内容来看，它既有科学家之间的交流，如学术报告；也有与学校科学教育相结合的第二课堂活动；还有科技馆对大众开展的展教活动。所以，从传播学来看，科技馆就是一个科学传播机构。本章将对科技馆科学传播进行研究。

第一节 传播的几种模式

所谓模式，是指在科学研究中以图形或程式的方式阐释对象实物的一种方法。模式与现实事物具有对应关系，但又不是对现实事物的单纯描述，而是具有某种程度的抽象化和定理化性质。

1.传播的线性模式

信息传播活动随着人类的诞生而诞生，我们周围每时每刻都有传播活动发生，但是大家都很少意识到这种活动的发生及其要素和过程。美国有一位学者出版了《传播在社会中的结构与功能》一书，在书中他总结出一个传播过程模式，并且提出组成传播的五种基本要素：传播者、讯息、媒介、受众和效果，简称"五 W 模式"。

传播者→讯息→媒介→受众→效果。这是一个单向的线性模式，缺乏反馈机制，和现在的各种传播模式相比，它很简单，但是有很大的局限性。之所以"五 W 模式"具有里程碑的意义，是因为以前没有人进行这方面的研究，是它首次将随时发生的传播活动用五个简单要素表达清楚，为人们研究、解释传播活动探索出一条正确途径。后来，随着传播学的不断发展，大家在这五个要素的基础上不断深入研究，这五个要素也成为大众传播学的五大研究领域。

在现实传播活动中，传播要素远远不止这五个，而且传播过程也比这复杂得多，"五W模式"虽然具有很大的缺点，但是为以后一些传播模式的构建提供了重要参考，其他学者在此基础上，开始从不同角度建立了更科学的传播模式。比如，美国的两位信息学者香农和韦弗就在"五W模式"的基础上加入了"噪声"概念，这种噪声会造成信息的衰减和失真，从而影响传播的效果。

2.传播的互动循环模式

在实际的传播过程中，交流往往是双向互动的，传播者把信息发出之后，受众通常会根据自己的理解进行信息反馈，传播的信息在两者之间反复往来，从而也使传播者和受众的身份变得模糊起来，我们就很难确定谁是传播者谁是受众。上面列举的两种模式都是单向的线性模式，传播者和受众之间没有反馈与互动，并且这两者的身份在传播过程中都是一定的，传播者只能是传播者，受众也只能是受众，他们的位置不能变化。这与现实生活中的传播行为很不相符。

在这个模式中，我们看不到传播者和受众，他们都是作为传播行为的主体出现的，都是处于信息的传送和接收之中。该模式表明传播过程应该是一个封闭的、互动的循环系统；传播活动中行为主体身份是相同的，即依次担任译码者、释码者、编码者。这也是我们在研究科技馆科学传播模式时需要考虑的一个重要因素，即随着展教活动参与性和互动性的逐渐增强，科技馆科学传播活动中的主客体也在逐渐地趋于模糊，普通公众也可以成为科学传播的主体。

3.传播的系统模式

现实中发生的传播活动是比较复杂的，参与者各种形式都有。如传播不仅发生在个人与个人之间，还发生在个人与团体之间、团体与团体之间。事实上，一个人作为个体的同时也是一个组织和群体的成员。以上传播模式反映的都是微观层面上个体之间的传播行为，缺少一个更宏观的视角，如群体之间的传播活动模式是怎样开展的。

这个模式显示所有传播活动都是发生在一定的系统中，每个系统都包含几个层次，小系统被包含在大系统中，而大系统又被更大的系统所包含。每个行为主体在模式中都是一个系统，即使是一个人，他也可被视为一个系统，因为在他内部还进行着人内传播，所以该模式全面展示了不同形式参与者之间的信息传播过程。

我们来研究科技馆的科学传播，那么传播者（科普工作者）和受众（观众）也处于多系统当中。传播者可以是科学家、科技馆辅导员和科普作家等。参观科技馆的受众可以是单个的个体，也可以是家庭中的一员，还可以是学校或社区的一分子，这也致使受众在参观科技馆时可以和其他的受众或传播者发生交流活动，或者相互交换观点，或者协作互助共同完成一项任务等。在构建科技馆的科学传播模式时，我们必须考虑这些系统。

第二节　科技馆的科学传播要素系统

一、科学传播者系统

科技馆内的传播者大致包括科技辅导员、科学家、科普作家、科普志愿者、展览和展品设计者、企业、观众等，这些群体的加入是科技馆科学传播功能提升的一个重要基础。

1.科技辅导员

科技辅导员可以说是科技馆出现最早的科学传播者之一。科技辅导员以展览的展品为依据，将深奥与严肃的科技知识通过通俗化和趣味化的语言，以及真挚的情感进行表达，其讲解在增长参观者科学知识的同时也启发了观众对科学的兴趣与思考。在某种意义上，科技馆的科技辅导员扮演着科学家与社会普通大众之间桥梁的角色。首先，科学家的大部分时间还主要是用于科学研究，用于科学传播与普及的时间和精力有限，这时就需要有一个职业化的群体来承担这个任务。这个群体在大众传媒领域就是科普记者和编辑，而在科技馆中扮演这个角色的就是科技辅导员。其次，科学家不一定就是"科普高手"，从事科学传播工作须具备良好的语言使用技巧和沟通表达能力。

随着自主学习和发现学习在科技馆教育领域的倡导，现代的科技馆和科学中心并不十分强调讲解，而是让观众根据自己的兴趣爱好自由地参观，并自主地去发现、思考和解决科技中的问题。我们认为，在科技馆的科学传播和教育中充分发挥学习者的能动性，让学习者在亲身实践和体验中理解科学是科技馆教育的发展趋势。但考虑我国科技馆电教手段的应用普及程度，以及我国观众的文化素质，科技辅导员生动活泼、通俗易懂的讲解依然可以为观众了解科学知识提供很大帮助。科技辅导员的讲解与否要视具体情况而定，其最终目的都是有益于科技馆科学传播水平的提高与观众对科学的学习和理解。

2. 科学家

我国著名科普作家高士其曾说过："科学普及是科学工作者的重要任务之一。只有把科学研究和科学普及相互结合，才是一个完整的科学工作者。"首先，科学家是科技信息的生产者。科学家通过科学研究发现科学现象和科学规律，并将这些现象和规律总结、整理成科学思想与知识体系。其次，科学家参与科学传播对于观众来说具有非常强的权威性和公信力。最后，科学家学识渊博，对自己的研究领域非常熟悉，对全部科学内涵的理解比其他人员更加直接和深刻，所以，在讲解专业知识方面不会出现谬误，以自己亲身经历和体会来弘扬科学精神、传播科学思想、倡导科学方法会更加生动、有趣、深刻。

科学家的传播行为有学术报告、科普报告、科学沙龙、科技活动、参与展览和展品设计制造等。随着科学传播与普及的重要性逐渐被社会所认识，并且得到国家政策和资金的支持，科学家在科学传播领域的身影出现得也越来越频繁。在西方发达国家，虽然没有硬性政策规定科学家须从事科学的普及活动，但在很多的基金项目中都有规定，科学家在完成相应的研究成果后，应将一定比例的基金用于向公众告知其科研成果。在美国科学促进会的基金中，用于科普部分的资金大概占3%，但科普的资金不仅来自项目基金，它还有很多其他途径，如捐款和媒体赞助等。如今，科技馆经常邀请各个领域的科学家举办各种科普讲座或报告会，一是让观众和科学家面对面，了解科技发展的前沿动态。因为观众不再是单纯被动的科学知识的接受者，同时他们也参与科学知识的创造、科学政策的制定当中。二是加强科学家之间，以及与普通观众之间的交流，使其了解观众的需求和其他领域的发展动态，这在客观上有利于今后的科学研究和创造工作。

3. 科普作家

经常在科技馆举办讲座、报告会或交流会的，除了在科研一线的科学家，还有在中国科普事业中发挥着重要作用的科普作家群体。科普作家主要是通过写作和出版一些科普著作来达到传播科学文化的目的。当然，他们也时常通过在科技馆举办一些科普讲座来与观众进行对话和互动。对于一些科学家而言，科普作家更善于和观众沟通与交流，他们常常运用通俗易懂的语言和文字"撕掉"科学艰涩难懂的外衣,让普通公众也能够了解科学及其对社会发展产生的影响。首先,随着科普剧这一新兴科普形式的出现,科普作家的另一个任务就是创作科普剧本;其次,科技馆应该邀请他们参加展览、展品等项目文字资料的编写或审稿。科普作家群体包含已退出科研一线的科学家、大学里的教师,以及社会上其他热爱科普创作的人群。

4.科普志愿者

科普志愿者是指掌握一定科学知识和具有一定传授能力,并自愿贡献个人的时间、精力、才能和财物等,在不谋求任何物质报酬的前提下,参与或组织社会公益性科普宣传服务活动,为提高公众的科学文化素质和社会的文明程度而提供志愿服务的人士。

目前,国内大部分科技馆中的科普志愿者,主要承担着科技辅导员的职责,为科技馆的观众提供了展览辅导和其他相关工作。实际上,科普志愿者的知识背景和技能是多学科、多层次的,科技馆应该充分发挥他们的才能,可以邀请他们参与各种工作,如展览和展品的设计及制作,科技馆的人员培训等。

中国科技馆组建了一支名为"专家志愿者"的队伍,该志愿者团队由50名经验丰富的老科技工作者组成,志愿者均具有中级以上职称,所学专业涉及建筑、物理、材料、电子等10多个领域。在科技馆的展厅中,专家志愿者充分发挥自身专业优势和特长,积极主动为观众提供讲解服务,还参与展览和展品设计、各种培训等活动中,深受社会各界的好评。

广大的科普志愿者深入农村、社区、学校、科技馆等开展一系列贴近民众、贴近生活的科普志愿服务活动,对提高公众的科学文化素质起到了积极作用。科技馆因为人力和财力等方面的限制,从而招募科普志愿者来开展和组织一定的科学传播活动,所以科普志愿者也是科技馆科学传播者的重要组成部分。

5.展览和展品设计者

科技馆的设计者虽然是幕后的传播者,但是他们往往被人们忽视,在目前的研究文章中,没有人把他们作为传播者来研究。前面提到的传播者,他们或做报告,或讲演,或解答问题,因为他们是直接与观众面对面交流,所以大家对他们的传播行为印象深刻。设计者是通过他们设计的展览和展品与观众进行间接交流,因此他们往往不被注意。设计者根据社会的发展、政府的方针政策、社会公众的需求,选择传播的科学信息,采用各种生动、有趣的形式,设计各种展品、展览和科技活动,向观众传递科学信息。所以,他们也是科技馆科学传播者的重要组成部分。

6. 企业

现在有不少企业都在科技馆设立展览专区、专题展览或举办新产品发布会，这种行为既增加了科技馆的传播内容，宣传了参展企业，也为科技馆节省了经费，是一举多得的好办法。因此，企业也成为科技馆的科学传播者。

7. 普通公众成为新的传播者

随着科技馆教育和传播活动的参与性与互动性不断增强，各传播者的身份变得越来越模糊。比如，在科学俱乐部、科技咖啡馆等活动中，原来在传播活动中完全处于被动地位的普通参与者都可以成为传播者。科技咖啡馆起源于英国的利兹，它与常见的学术交流论坛不同，倡导的是在一种轻松、愉快的氛围中将科学传播给公众。活动过程中可以是几个人或几十个人为一组围坐在一起，在品尝咖啡的同时，与科学家面对面，畅谈最新科学和技术发展，话题轻松且自由。在讨论过程中，每个人都可以发表自己的看法，并积极地和其他成员进行互动，在此过程中，一个人的看法很有可能就会影响其他人的想法，从而使其扮演传播者的角色。这种形式的活动其目的是使公众以一种非常轻松的方式尽可能多地接触科学技术，将高不可攀的科学通俗易懂地带给公众。英国文化协会将这个活动带到了中国，在一些城市里开展，取得了非常好的效果。

以上这些个体或群体构成科技馆传播者系统，他们之间也是相互联系和相互影响的。

二、科学传播客体系统

1. 科学传播客体系统的概念

传播客体，通俗地讲就是传播内容，科学传播之间各种相互联系的内容就构成了科学传播客体系统。传播内容按学科分为数、理、化、天、地、生，环境、海洋、航空航天、交通运输、信息科学、医学等，这些内容构成了一个按学科分类的系统。依据科学传播的内容不同，提出科学传播有"一阶科学传播"与"二阶科学传播"之分。一阶科学传播是指对科学现象、科学原理、科学进展等具体科学知识的传播。二阶科学传播是指对科学的世界观和方法论，对科学价值判断等内容的传播。具体来说就是对科学精神、科学思想、科学方法，以及科学技术与社会发展的关系等内容的传播。这些内容也可以构成一个系统。

随着社会的发展，人们对科学技术的理解不断加深，科技馆科学传播的内容也发生了变化。最初的科技馆是对科学事实、科学概念和科学原理的传播，随着现代科技馆的出现，对科学精神、科学思想、科学方法、科技与社会的关系等传播内容逐步增加，这是科技馆科学传播史上的一个重要转变。公民的科学素质包含对科学基本事实和概念的了解，但更重要的是具备科学的思想、精神和方法，是一个综合的概念。进入 21 世纪，科技馆的科学传播客体又增加了新的内容，就是要宣传人文精神，把科学精神与人文关怀相融合，以追求科学的终极目标。中国自然博物馆协会理事长认为，以往科技馆太注重知识点的传播，缺乏科学知识交叉性与系统性、综合性、整体性的传播；更缺乏从人类生存与发展的整体环境中认识科学发展和技术应用。当代科技馆的内容建设应该将价值目标从单纯传播部分科学知识到追求科学自身全部内涵，从而进一步走向科学与现实生活世界，以及人文关怀的融合，使科技馆目标定位在追求人类生存发展理念和实践结合上。

2. 科学传播客体系统的构成

（1）基本科学原理。基本科学原理是构成一门学科的基础，也是产生这门学科的起点，所以无论是从逻辑上还是从发展史上，它都是传播的重点。从最早的科技馆到现代科技馆，科技馆传播的经典内容都是基本科学原理。让观众通过实物、模型或多媒体等生动形象的形式来理解一些比较深奥的科学原理，这是科技馆在进行展品设计时要遵循的重要原则。

（2）科学常识。科学的基本概念、基本原理大都是比较抽象的内容，容易使观众产生距离感。科学常识通常与人们的日常生活密切相关，使观众可以感受到科学无处不在，而且对我们的生活产生积极作用。借传播科学常识以引起人们对科学的关注和学习，并在今后生活中遵循科学常识倡导的生活和工作方式。

（3）社会热点。当今世界，社会与科技的发展日新月异，新的科技成果不断涌现；社会热点能够催生出特定时期的公众需求、社会需求和国家需求，面对这些热点科技馆应该快速反应，在第一时间制作出各种展览和开展科普讲座等以满足各界的科普需求。此种传播活动，一是激发社会公众对相关热点问题的经验分享和讨论，搭建一个表达思想、观点的平台，甚至有可能为国家相关政策的制定提供参考意见；二是保持公众对社会发展的敏感度，深化其对相关问题的认知，以形成科学的态度和方法。

（4）科学的世界观与方法论。科技馆不仅普及科技知识，还通过富有启发性的展览和演示给人以科学精神与科学思想、科学方法的教育。科学的精髓不是那种人们已发现的知识，而是一种认知方法，是人们正确理解科学、求知和解决问题的方法。学习科学，掌握科学方法比掌握科学知识更重要。

在科技馆的展教活动中，除了传播基本的科学原理、科学常识等内容，还有一部分是我们极力倡导的，那就是科学的价值观和世界观。可以说让观众形成科学的价值观和世界观是一种更高层次的传播活动，它能更深刻地影响观众今后的行为方式和思想境界，这也可以说是科学传播活动的一大目标。

三、科学传播媒介系统

任何知识和信息的传播都需要依赖一定的媒介。所谓传播媒介，是指介于传播者和受传者之间，用以负载、传递、延伸、扩大特定符号的物质实体。这些媒介随着科技和传播需求的发展而发展，它们相互联系、相互影响、相互补充，组成一个系统不断提高传播效果。人类用于交流的传播媒介大致经历了语言、文字、印刷出版物、音视频，以及多媒体和网络等阶段。

科技馆的科学传播媒介也有一个大致的演进过程。最早的科技馆只是利用一些动植物标本、各种矿石及器械实物等，配以文字和图片说明的展示形式供观众参观。随着科技馆教育功能的凸显，讲解员（现在称"科技辅导员"）应运而生，科技馆的科学传播活动也逐渐加入了声音这一媒介要素。我们在前面讨论科技馆的传播主体时，曾简要说明了科技辅导员在科学传播过程中的作用，他们生动有趣的讲解有益于观众对科学信息的了解和理解，所以说加入了声音这一传播媒介后的传播效果要优于之前完全静态的文字和图片。随着收音机、录音机、音响设备，以及现在多语言智能讲解设备的出现，声音这一媒介便与图像相结合构成多媒体，广泛应用于科技馆的科学传播中。

在现代科技馆中，实物展品很少，而以静态模型、动态演示模型和可操作模型为主。这反映了媒介技术发展的一个趋势。

在现代的教育学和心理学的理论与实践中，创设学习情境已变得越来越重要，因为知识建构的一条重要途径就是在现实世界中亲身实践。许多科技馆通过景观复原法，创设了科学发现和实验的原场景，也有的干脆就在科技馆里建一个工厂，让观众自己主动去发现和探索，体会科学方法、科学精神。这也是目前"参与式科普"和"体验式科普"盛行的一个重要原因。互联网技术及数字多媒体技术的发展，使今日的科技馆在科学传播活动中使用的媒介要丰富得多，各种3D、4D增强现实和虚拟仿真技术的采用使科技馆用于科学传播的媒介呈现出多元化与情境化的特点。例如，幻影成像、球幕剧场等创造的逼真情境往往让观众流连忘返。此类展示形式具有强烈的临场感和沉浸感，带给观众丰富的感官体验，所以很受人们的欢迎。这说明了观众在接受科普教育时更加注重逼真的情境及其带来的感官刺激，而多媒体技术和网络信息技术的蓬勃发展正为这一趋势提供了技术支撑，相信在不久的将来，科技馆会给我们带来更加逼真的环境和更强烈的感官刺激。

四、科学传播对象系统

中国科协在有关文件中规定：科技馆又称"科技博物馆"，主要是通过实物展览，仪器演示、操作等向人民尤其是青少年（包括大、中学生）普及科学知识和技术知识。它是进行社会科普教育的场所，是一种社会教育性质的科学普及事业。

科技馆早期的科学教育和科学传播对象主要是广大中小学生，大部分展教活动只是针对中小学生人群的特点和需求来设立的。进入21世纪后，国家非常重视提高全民科学文化素质、建立学习型社会和终身教育。作为科普教育主阵地的科技馆观众已不再局限于青少年，而是扩大到社会上的全体公民。从咿呀学语的幼儿到耄耋之年的老人、从繁华都市的市民到偏远山区的农民、从国家公务员到企业的普通职工等都是当代科技馆教育的对象。

我国明确规定未成年人、农民、城镇劳动人口，以及领导干部和公务员是参加科学教育的四个主要群体。实际上就是全民都要参加这个行动，在全面覆盖的基础上突出重要群体。那么，科技馆在今后的科学传播活动中不管从年龄层次到知识背景都要考虑各种人群的科普需求，统筹兼顾设计出符合他们的展览和活动。

未成年人、农民、城镇劳动人口，以及领导干部和公务员四个群体组成科学传播系统，他们相互联系、相互影响。未成年人是其他三个群体的子女，也是他们的接班人，未成年人接受科学传播的效果除了会在他们的内部产生影响，也会影响其他三个群体。农民、城镇劳动人口，以及领导干部和公务员是未成年人的家长，他们在家庭教育中发挥着重要作用，他们获得的科学信息越多，对子女的影响就越大。农民、城镇劳动人口，以及领导干部和公务员这三个群体之间的家庭关系与社会关系决定了他们也是相互影响的。

第三节　科技馆的科学传播系统模式

一、科技馆科学传播系统模式

科技馆科学传播系统结构是科学传播者、科学传播客体、科学传播媒介、科学传播对象等要素在系统内部恒定的分布和排列，并形成确定的相互关系。这些要素正是通过结构而组成科技馆科学传播系统整体。另外，这些要素在系统内部彼此联系，相互作用。同时，科技馆科学传播系统与外界环境存在物质、能量、信息的交换，通过循环反馈的非线性作用，共同推动系统的发展。

从构成传播系统要素的关系来看，系统中各要素之间关系密切，相互作用，某一个要素发生变化，将影响系统中其他要素，并引发一系列反应。科技馆传播者通过对科技馆传播客体的遴选与制作，通过科技馆的媒介将内容以各种形式传播出去，科技馆的传播对象根据自己的背景和需要对传播内容进行选择性接受，传播者与传播对象之间的关系已不再是自上而下的直线性灌输式了，传播对象的知情权和选择权反过来又对传播者施加影响，又将对内容或展品的印象反馈给传播者，传播者通过传播对象的反馈信息进行调整，循环往复，从而推动系统的进一步发展。

从科学传播系统的要素来看，传播系统要素不仅相互作用形成了科技馆的传播系统，而且各要素本身受到包括社会环境的作用和影响。这表现在传播者的构成与当时的社会环境及人才结构等有密切关系，作为传播的主导者，他们的科学文化素养直接影响了科技馆的科学传播质量。科技馆传播的科学内容一方面受到传播者的影响，是由传播者根据其选择主导的科技信息、科技知识、科学方法、科学精神等；另一方面传播对象将传播效果反馈给传播者，传播者根据效果调整传播内容。科技馆及传播媒介，受到数量及地理位置、科技馆的建设水平等多种因素影响；同时也受到媒介的设计和制作、更新速度、管理等因素影响。科学传播对象在受到外部社会大环境影响的同时，也受到传播对象系统内在公众素养及人员群体等因素的制约。

从科技馆科学传播系统与外部环境关系来看，科技馆传播系统内部诸要素之间和系统与外部环境之间的有机联系，构成了系统内部闭合的独立性和外部开放性。系统的闭合主要是对于系统内部诸要素之间存在物质、能量、信息的交换而言的，通过这种内部的交换增强了系统的效用，提高了系统的整体功能。系统与环境之间的关联性使系统具有了开放的性质，系统与外界环境之间具有物质、能量、信息的交换，形成了外部开放性，这种交换使系统具有生存和发展的活力。无论是系统的开放还是系统的闭合都需要一种协同与合作。

综上所述，科技馆的科学传播是多种要素相互作用，并与外部环境进行物质、能量、信息的交换，是循环反馈的、非线性的动态传播过程，科技馆科学传播是科学信息运动的一种形式，其功能是实现科学信息的交流与共享，其目的是提高全民科学文化素质。

二、科技馆科学传播的特征分析

1.强调以人为中心的传播理念

以前，科技馆的科普报告是以专家为中心，专家讲什么观众就听什么，报告的内容是以专家能讲什么为依据，而不是以观众的科普需要为依据；科普展览是以展品为中心，展览设计是以有什么展品为依据，并没有调查、研究观众的兴趣和需求。所以，这些科普活动的效果并不好，久而久之，科技馆的观众也越来越少。

现在的科技馆在科学传播过程中始终以人为中心，以人的全面发展为目的。科技馆在设计各种活动时需要充分进行调查研究，根据社会经济和科技的发展，根据国家方针政策和公众的不同需求，设计出符合时代潮流的传播活动。

2.参与性和互动性原则贯穿传播全过程

在当代科技馆的各种活动中，无论是学术交流、科普报告、科普展览，还是科技活动、科普剧，都非常强调观众的参与性和互动性，这样就能充分调动观众学习的主观能动性，增加趣味性，通过亲身体验活动，加深对传播内容的理解。

3. 多媒体技术在展示中的作用日益增强

科技馆的传播媒介有一个大致的演变阶段，即从最初的实物、模型、文字图片发展到当今的多媒体、增强现实技术和科普剧等形式。更高一级的媒介形态是在融合之前各种媒介形态优点的基础上产生的，后者与前者并不是完全的替代关系，而是一种集成与发展。

在当今科技馆的科学传播活动中，现代化的多媒体技术在科技馆中的应用越来越广泛，像宇宙探秘、电子沙盘、3D 和 4D 影院、虚拟仿真技术、科普剧场的开设已成为科技馆吸引观众的重要手段。

4. 体现的是现代科学传播的职能，而非传统意义的科普

现代科学传播使科学技术民主化，传播中考虑到社会文化的多元化特点，促进社会与公众对研究过程的参与。在现代科技馆科学传播的理念中，科学家与观众的地位应是平等的，普通的观众可以和科学家进行交流与讨论，甚至对科学家进行质疑。在这种情境中，传播者和传播对象的界限逐渐变得模糊。所谓"术业有专攻"，科学家也并非通晓万物，对其专业之外的领域，普通的观众也许还可以给他们"指点迷津"。所以，此模式中的科学家在传播科学的同时，也会因与观众的互动而成为受众。此外，受众在活动中也处于相互交流、相互传播的过程中，其中有个人之间的交流、家庭之间的讨论甚至是社区之间的合作互助。

传统的科普是由科学家自上而下的，以传播"科学家的科学"为主要方式的单向传输过程；是科学家向"愚昧"的普通民众进行科学知识的普及，科学家高高在上，其权威不容置疑。现代科技馆的科学传播是以提高全民的科学文化素质为出发点和落脚点，科学知识仅仅是传播内容的一部分，我们更强调科学精神、科学思想、科学方法、科学世界观的建立和培养，鼓励公众走近科学、理解科学、参与科学。

第四节　影响科技馆科学传播效果的因素

一、科学传播的效果

传播效果是指某一特定的传播信息作用于传播对象产生的效果。传播效果是具有一定层次的。传播对传播对象的影响可以达到三种程度，也就是三个层次的传播效果。

（1）信息层次。将所要传递的信息传到接收对象处，使之完整、清晰地接收到。

（2）情感态度层次。使传播对象在感情上与传播内容接近、认同，对这一传播活动感兴趣，从而与传播者接近。

（3）行为层次。它是指传播对象在感性、理性认识之后，行为发生改变，做出与传播者要求目标一致的行为，从而完成从知到行的过程。

从传播的三个层次我们可以看到传播效果具有两种内涵。一是传播要产生社会效果必须分两步走。第一步，传播信息作用于传播对象的心理系统，经过反应产生诸如动机、理想、抱负、决心、信心、毅力之类的心理能；第二步，心理能外化为行为，作用于社会，产生一定的社会效果。二是传播的信息作用于心理的深浅程度，从浅层的感觉、知觉到中层的思维、情感，再到深层的意志、个性（人格）心理品质。

科学传播要追求具体而全面的传播效果，就要使科学传播作用于公众心理系统后引起心理的深层次变化。对科学内容的知晓、理解方面发生变化，并产生一定的科学意志，进而要求已变化了的心理外化为现实的行为。也就是说，在掌握了一定的科学知识之后，对科学方法具有相当的理解能够对事物进行理性分析，进而产生深层次意识中的科学精神，从而能够指导公众在现实生活中面对问题做出正确的、合乎逻辑的决策并外化为行为。

首先，科学传播的最佳效果是社会成员的个体层面。真正有效的科学传播应该能够使全体社会公众充分理解现代科学技术，在科学精神的指导和感召之下，在掌握科学知识的基础之上运用科学方法指导实践，从而理解科学技术的本质，理解科技的产出和发展过程，理解科技对自己和社会产生的正面与反面影响，不仅包括器物层面的影响，还包括精神层面的影响，从而成为一个真正的具有现代科学素养的人。其次，科学传播的最佳效果是社会层面，是使全社会特别是决策者关于人文社会发展获得一种整体性观念，使科技发展服务于国家和人类社会的可持续发展需要。也就是说，科学传播要越出经济学思考问题的狭窄眼界，要以地区、国家和人类社会的可持续发展为判断依据，以此判定科学的价值，从而决定快速发展科学还是慢速发展科学，以及使科学向何处去，最终使整个人类受益。

科技馆的科学传播作为一种有目的的传播，我们希望取得良好的传播效果，但传播效果的好坏往往不以传播者的意志为转移，有时甚至会出现与传播者意图相反的结果。这是因为传播效果的产生是一个十分复杂的社会过程，从发出信息到传播对象接收信息，中间存在着许多环节和因素，每个环节或因素都可能对传播效果产生重要影响。

传播效果受到传播过程中各个环节的影响，从传播者到传播内容再到传播技巧和手段的运用，最后到传播对象的自身状况等都会影响传播效果。

二、传播者对传播效果的影响

科技馆科学传播者是传播系统中能动的人的要素，也是最重要的要素之一。科技馆的发展需要一批既有专业知识又懂管理的专业技术人员和管理人员。从我国科技馆建设初期开始，直至现在科技馆发展时期，科技馆专业人才普遍短缺的问题一直没有得到解决。

从我国科技馆的发展历程上就可以看出，由于建设科技馆的团队缺乏必要的专业知识，许多科技馆建筑功能存在不合理之处。这个时期国内真正懂科技馆的人很少，对国外科技馆也缺乏认真地学习、考察和研究，不知道科技馆到底应该建设成什么样，具有什么职能。再加上当时科协机关活动场所普遍狭小和简陋，因此，一批"多功能，综合性"的科技馆应运而生，建成的科技馆以餐饮、住宿、报告厅、培训教室为主，只有面积很小的常设展厅，没有充分体现以展教为中心的现代科技馆建馆理念。而且一个科技馆建成，其他各馆之间便相互模仿，使科技馆建设进入了一个误区。这些科技馆虽然在当时历史条件下对推动社会进步发挥过一定的积极作用，但很快就不能适应新形势对科普工作的要求。

从现在国内科技馆调查情况来看，首先是科技馆专业人员不足仍然是制约着科技馆发展的瓶颈问题。这表现在科技馆里资深的综合型人才太少。就全国的科技馆来说，仅拥有一小部分资深的科技馆专业人才，而且这一部分人员分布不均匀，大多集中在一些大馆、老馆，有的已经退休。这部分人员虽然没有受过专门的科技馆专业系统的教育，但是在长期实践中积累了丰富的科技馆建设和管理经验，在我国科技馆建设中发挥了重要作用，他们已经成为科技馆界的宝贵财富。其次是展览、展品的设计和研发人才不足的问题。我们国家建设科技馆的历史还不长，也没有成立专门的教育机构来培养这方面的人才，展品大多数是从国外科技馆引进和仿制的，我们自己研发的展品虽然有一部分，但数量不多。这就导致国内的科技馆出现"千馆一面"的现象，展览设计就是展品堆砌。造成这一问题的主要原因是科技馆的展览和展品研发人才太少，有的科技馆几乎没有这方面的人才。科技馆里缺乏专业人员，展览公司和展品公司同样缺乏懂科技馆专业的设计人员，尤其是新展品研究设计人员太少。最后是受过科技馆专业教育的年轻人才太少的问题。目前，国内科技馆里的青年技术人员大多数都受过高等教育，有很好的自然科学和社会科学知识背景，但是大都没有受过科技馆专业方面的系统培训，都是在本馆工作的实践中积累经验，或从兄弟馆学习一些经验。可以说，新一辈的科技馆人员正在走老一辈的路，如果不重视这个问题，就会对我国科技馆事业的发展继续产生不利影响。另外，社会对科技馆人才工作研究得还很不够。人才学是一门科学，科技馆的人才问题是这门学问中的一个组成部分，应有相关机构来研究、解决这个问题。现在的情况是，只有各科技馆在探索这个问题时，边干边总结，缺乏面上、点上的深入研究和分析，缺乏一个指导性的要求，这也应该引起科技馆界的高度重视。

澳大利亚非常重视科普专业人才的培养和科学传播学科体系的建设，澳大利亚公众科学意识中心对科普专业人才的培养已经有了相当基础，已先后培养了 250 名既具有科学背景，又具有科学传播知识能力的硕士，对推动澳大利亚科普的发展起到了重要作用。我国科技馆工作队伍的知识结构、科技传播技能等非常不适应科普发展的要求，科普创作、科普表演、科普展览、科普教育等方面的专业人才十分缺乏。因此，加快科技馆专业队伍培养既是我国科技馆工作的当务之急，也是科技馆发展的长久之计。

三、传播客体对传播效果的影响

前面提到，传播客体就是传播的内容，科技馆的传播内容也是影响传播效果的重要因素之一。因为传播内容适合观众的科普需求、国家政策的要求、社会发展的需求，观众就会积极主动地参加传播活动，所以传播效果一定很好，反之就会使传播效果降低。内容的选择有几个方面要注意：一是内容选择要根据观众调查的结果来确定，即根据某个观众群体大多数人的需求来组织内容，切记不能凭借自己的主观想象来确定内容；二是内容选择的广度和深度要与观众的知识文化背景相符合，如果内容是观众想看的，但是内容太深，观众看不懂，他们就会很快离开；三是内容选择要与观众的现实生活及工作密切相关，这些内容能够为他们解决实际问题，指导他们进行科学的生活和工作，观众自然会非常关注；四是内容的选择要与社会热点问题相结合，所谓社会热点问题就是公众非常关心的问题，如环境保护、食品安全、神舟飞船等。

四、传播媒介对传播效果的影响

传播媒介对传播效果也起着非常大的作用。对于以展览教育为主的科技馆来说，主要的传播媒介就是科普展品，所以展品表达的科学内容、展品的表现形式都直接影响传播效果。一方面展品表达的科学内容受到科技发展水平的制约，另一方面受到展品设计和制作水平等因素的影响。我国科技馆目前的展品自主开发能力还非常薄弱，即使是中国科技馆这样代表我国最高水平的科技馆，也有不少展品是仿照国外制作的，而且由于资金缺乏，展品更新得相当慢，极大地影响了科技馆的科普地位和作用。

优秀的展览不仅要有科学的设计理念做指导，还要有符合展览设计要求的创新展品做物质支撑，展品的优劣是决定展教效果的重要因素之一，所以从某种意义上说，展品是科技馆的灵魂。这些展品因具有趣味性、科学性、动手参与性而成为吸引公众尤其是青少年的重要法宝与动力。

就科学性、参与性、互动性和趣味性来说，波士顿科学博物馆是美国最好的科学博物馆之一。该馆的展品包括生命科学、自然世界、科技与工程、地球和太空科学、纳米技术与纳米制药等各个方面，是一个以自然科学为主的综合性科技馆。高科技有阿波罗登月舱、人工智能的机器等。按照馆方的介绍，馆内有550多处可供参观者动手参与，尤其是还有大量可供青少年动手参与的科学实验。在各个展厅，经常有不同肤色、不同年龄的美国青少年，有的是一个人单独安静地在电脑前做着数学游戏，有的是三五成群地聚集在一起，互相比画着动手做实验，不时传出他们的欢声笑语。

科技馆要想具有长期的吸引力和新鲜感，其展品在展出一段时间后就应该进行更新，这样经常到科技馆参观的公众就会被更新的展品所吸引，他们才能定期到科技馆参观、学习和休闲。科技馆的观众数量就会保持在一个稳定范围，不会出现大起大落的现象。科技馆常设展品的年更新率应达到5% ~ 15%。但是，由于后期资金投入不足，我国科技馆展品更新速度普遍较慢，致使馆内展品品种单一且展品长期不换，不能够满足不同参观者的需求。

目前，国内部分科技馆已经意识到展览和展品更新的重要性，他们积极争取政府的财政支持。各级政府也对科技馆发展非常重视，加大了对科技馆的财政投入，使一批科技馆进行改造和扩建。如中国科技馆新馆建设、山东科技馆的改造、广西科技馆的展厅改造和展览重新设计等。

为帮助中小科技馆解决资金不足、科技馆展品不能及时更换的难题，中国科协通知指出我国现有中小科技馆大部分存在展品匮乏、展示内容不足、展览研制维护水平有限等问题，影响了这些科技馆科普展教功能的发挥。为转变这一状况，中国科协正在策划并实施以丰富中小科技馆展示内容，逐步提高场馆开展展览活动能力与水平为目的的"中小科技馆支援计划"。该计划的内容是邀请若干在科普展览巡展组织和展品研制、维护方面有经验的机构研制展品，然后由中国科协配发若干套科普展品，在全国各地的中小科技馆进行巡展，并对受援科技馆进行人员培训和技术支持，在丰富这些科技馆内容的同时，帮助他们提高业务水平。巡展展品研制经费和运行经费由中国科协承担，接展的单程运费，以及展出场地、展品维护等费用由受援的各科技馆承担。

五、传播对象对传播效果的影响

中国科普研究所发布的第六次中国公众科学素养调查结果显示，我国90.8%的公众没有参观过展览馆、科技馆等科技类场馆。从全国的总体情况来看，科技场馆的平均建设效率仅为33.54%（展厅面积/建筑面积），低于联合国教科文组织制定的50%的标准；可见，我国科技馆的年观众量及科技馆利用率方面远远不及其他发达国家。

科技馆观众数量的多少直接影响科技馆的科学传播效果，因为衡量科学传播效果的数据之一就是观众的多少。

同时，观众是否接收到科学信息、是否体会到科学精神、是否学习到科学思想和方法、是否领悟到科学的内涵等，都是衡量传播效果优劣的指标。要想取得好的效果，观众的学习态度和文化背景也是很重要的。观众具有积极、主动、认真的学习态度，再加上一定的文化背景，就能够很好地配合传播者接收、理解、领会传播的科学内容，并及时将遇到的问题反馈给传播者，从而让传播者调整传播内容。

从科学传播系统的角度出发，我们分析了科技馆的科学传播是一个复杂系统，在我国科技馆的发展中，科技馆传播的内在系统要素，如科技馆传播者、科技馆传播客体、科技馆传播媒介、科技馆传播对象等方面要实现最优的结构组合，形成良性的动态协调关系，同时要与外部环境形成完善的系统反馈机制，科技馆才能充分发挥科学传播的功能。

针对我国科技馆目前在要素层面、结构层面、与外界环境关系等方面的障碍，我们可以从以下几个方面进行调整和优化。在内部系统的建构方面，实施科技馆的人才战略，科学设计展览，提高展品的创新能力，加大科技馆的宣传力度，提高公众的科学素养。在强化外部环境方面，要争取国家、政府、企业等方面的社会支持，尽快实现科技馆在地理位置结构上的平衡，加快中小科技馆的建设。只要构成科技馆传播中的各个要素形成良好的结构组合，并针对外在环境的输出与输入做出及时调整，二者和谐发展，科技馆事业就会很快进入可持续发展的轨道。

第五章　科技馆大数据应用

充分发挥云计算、大数据、人工智能等新技术手段，提高宏观经济运行决策水平，已经成为社会各界高度共识。从全球范围来看，政府治理模式正在从传统的韦伯模式和新公共管理模式过渡到数字治理模式，其基本特征是将大数据和数字化技术置于机构层级的核心位置，推动数字化的整体性政府建设，在决策模式上高度强调"使用数据来了解公民，并为政策制定提供依据"。本章将对科技馆大数据应用进行论述。

第一节　国内外的实践探索

国家发展改革委作为我国宏观经济运行的核心部门，在运用大数据手段开展宏观经济分析研判方面起步很早。国家发展改革委组建了国家发展改革委互联网大数据分析中心，并启动建设国家发展改革委互联网大数据分析系统。国家发展改革委要"围绕发展改革系统履行职能，建设国家和省两级宏观决策可视化平台，充分应用可视化技术，围绕投资、工业、交通、能源、农业等重点领域开发经济地图，建设基于地理信息可视化的宏观经济运行大数据监测分析'一张图'，形成涵盖宏观决策各方面的数据汇聚展示系统，支撑各级发展改革委领导会商与综合研判"。国家发展改革委提出打造智慧决策大脑的设想，要求"面向重大决策需求，构建'智慧发改'决策算法库、模型库、指标库、知识库，开展各类大数据分析指标与传统统计指标的回归比对和关联分析，逐步推动了经验智慧与人工智能融合创新，为加强和创新宏观调控提供了强有力的技术支撑"。

在大数据的情景下，科技馆面对的用户数量激增，科技馆自身的核心资源数据激增。科技馆除了让多主题领域的科普专家直接面向用户提供事实性、知识性的答案或提供信息源的线索外，还提供网络上的数据互动、网络培训、信息导航、科技导航等服务，体现了科学性、知识性、互动性、实践性和趣味性的统一。科技馆通过互联网渠道提供科普服务，突破了时间和空间的局限，任何单位、任何专业、任何学科、任何地区的用户都可以通过互联网获得相应服务。

1. 以用户为中心的个性化科普服务

在大数据时代，科技知识数据激增使得用户和科技馆在空间上能够分离享用科技馆员从事的研究工作，科学普及服务应当适应这种转变，实现从传统的科技展览到围绕用户的参考咨询转移。用户的需求是个人的、个性的、具体的，总是因人、因事而异的。现代科技馆在与公众（用户）进行互动时，适应了用户的分布性特点，适应了用户行为的变化，延伸了科普活动的空间，用户在哪里有需要，科学普及就在哪里提供服务。其核心理念是在一种分布式的科学普及知识网络中，具有特定知识和技能的"信息专家"对用户的个性化服务，在此基础上形成对具体科学技术的知识网络。

现代科技馆在大数据环境下面对具体的用户，通过网络即时互动，深入了解用户对科技知识具体的、特定的需求，调动相应的知识资源，提供更加切合需要的答复。在网络环境下，新型需求是用户迫切、精准的需求经过分析、处理后的适用信息，是根据自身特定的。

"定制"科学普及。由此，进行数据挖掘，开发相应的知识群，活化和实现潜在科技常识中新的知识要素，满足用户对科技馆的精准需求、个性化需求。用户需求是个性化服务的关键。科技馆个性化服务的出发点需要跟随用户需求而不断变化，及时跟踪这种变化的前提是科技馆要建立一整套个性化服务机制，而非简单的、线性的科技馆的基本收藏。

2. 超越时间与空间限制的科普服务

大数据时代，网络信息传输的方式比传统科技普及的展览方式更加便捷、多向、交互、立体，服务范围更广、层次更深。用户在网络上向科技馆提起需求，当然是希望能够快速地得到响应和解答，甚至是交互式信息服务，希望能不受系统资源、地域限制来提出咨询，能不间断地得到相应的信息资料和知识集成。大数据传输是使用电子邮件、聊天工具、客户管理系统等网络传递数据和信息的方式，用户无论在何处、何时都可以获得自己关心和需要的咨询服务。大数据的科普咨询作为一种及时服务，对答复和回应时限的要求正如其答案的质量一样重要，这种从异步到实时的演进趋向表明了"及时性"本身这种服务的重要意义。这也是突破时间和空间限制的服务转型。四川科技馆建设的流动科技馆、科技大篷车、数字科技馆，就是一种积极的探索形式。

3.基于科技知识信息提供的科普服务

科技馆提供虚拟数据，开展大数据科普活动，实际上是作为一个完整的系统框架来进行的，它利用现代信息技术，如网络技术、知识管理系统、智能代理系统等，刺激用户潜在的需求，拓宽科技馆专业人员知识的广度和深度，使知识单元更多地联结与互动，产生必要的、内在的关系，逐步形成知识聚集、管理和发布。由分布在有关成员馆之间的科技信息检索、参考咨询专家、科普专家教授协同创新建立科学普及联盟，满足用户和社会公众的个性化需求。科技咨询馆员和有关科普专家建立更加密切的"科普共同体"，共同协作探究科普中出现的有关问题，对问题进行研讨、分析、整合和逻辑推理，满足用户和社会公众多层次、全方位的科技信息服务需求。

第二节　大数据的产生和价值

一、大数据的产生

随着"云计算""互联网""物联网"的快速发展，计算产生的数据量越来越大且维度广泛，大数据逐渐也吸引了越来越多科学研究人员的关注。麦肯锡的研究报告发布以后，"大数据"就成为互联网上信息技术行业的流行词语，成了计算机行业争相传诵的热门概念，麦肯锡在咨询报告中提出，数据已经渗透到各行各业及其业务领域，大数据要处理的数据非常大，就现如今的信息技术发展趋势而言，大数据技术的发展如火如荼。

数据本身就是一种资产，和有形资产同样重要，这种观点，在计算机行业已经得到一致认同，各大公司越来越重视数据的价值。如果说云计算的出现为数据资产提供了保管、访问的场所和渠道，那么如何盘活数据资产，使其为国家治理、企业决策乃至个人生活服务，则是大数据研究的核心议题，也是云计算内在的灵魂和必然的升级方向。

紧跟着，互联网、人工智能、物联网、云计算等技术的推动，全球数据量正在无限制地扩展和快速增长。

根据互联网数据中心最新发布的统计数据，中国的数据产生量占比约为总数据产生量的 23%，美国的数据产生量占比约为总数据产生量的 21%，EMEA（欧洲、中东、非洲地区）的数据产生量占比约为总数据产生量的 30%，APJxC（日本和亚洲太平洋地区）的数据产生量占比约为总数据产生量的 18%，而全球其他地区的数据产生量占比约为总数据产生量的 8%。

大数据正以磅礴的力量，推动技术变革，与当代同样具有重要意义的最新科技进步一起，揭开人类伟大创新的序幕。简单地说，以往人类社会基本处于蒙昧状态中的不发展阶段，即自然发展阶段。

二、大数据的价值

随着信息时代的快速发展，人们逐渐意识到数据的重要价值，并且逐渐研究、学习使用大数据改变人类生产活动和丰富人们的日常生活。从技术层面分析，大数据与云计算的关系就像手心手背一样不能彼此失去对方。没有云计算的话，大数据就是个分散的手工作坊。大数据一定不能通过运用独立的单台计算机进行分析加工处理，所以不得不采用分布式网络计算架构。它的特色在于快速对海量数据的挖掘，但它必须依托云计算的分布式处理、分布式数据库存储以及虚拟化技术。大数据有 4 大特点：Volume（大量）、Velocity（高速）、Variety（多样）、Value（价值），简称"大数据4V特点"。大数据是新资源、新技术和新理念的有机混合体。从资源视角来看，大数据是新资源，体现了一种全新的资源观。

对于地球上每个人而言，大数据到底有什么应用价值呢？只要看看你周边正在发生的一切事件，包括人民的生活和创新，你就会明白，大数据技术对人们的重要性不亚于人类开始使用火种。大数据让人类对事物的认识回归本源，大数据影响着人们的经济生活、社会管理、文化教育、科学研究、医疗保健、休闲娱乐以及政治博弈等，也就是说，大数据影响着每个人的生活。

大数据的应用赋予了客观实在以新的意义，一方面，大数据是"数据驱动"的，即生产经营管理决策可以自下而上地由数据来驱动，甚至像实时竞价广告等场景中那样，可以由机器根据数据直接决策；另一方面，大数据是"数据闭环"的，观察互联网行业大数据案例，它们通常能够构造起包括数据获取、数据建模分析、分析效果评估到结果反馈错误修正各个环节在内的完整"数据闭环"的，从而能够不断地自我升级，螺旋上升。

在应用实践研究方面，体现为数据获取、数据加工、数据存储管理、数据挖掘分析和数据应用集成。其中，数据管理主要用于大型互联网数据库和新型数据储存模型与集成系统中；而数据搜索分析则多用于用户上网行为分析研究中；数据集成则通过将不同渠道来源和不同作用的数据进行整合，从而开发出数据库新的功能，目前数据集成正处于研究发展的初始阶段。在数据的安全研究方面，大数据技术研究中对用户隐私保护和数据质量问题是当前数据安全研究工作的重点。一方面，在大数据技术背景下，网络用户的隐私和个性更容易被采集获取，隐私信息被窃取或无意泄露风险更大；另一方面，大数据由于在数据的准确性、数据冗余性、数据完整性等方面存在偏差，数据质量存在天然的缺陷，亟须提升大数据算法，开发应用相应的数据自动检测修复系统。

在可预见的未来，大数据将成为企业和国家的重要战略资源。大数据将不断成为各类研究机构，尤其是数据企业的重要资产，成为提升企业竞争力的基础资源。企业不得不将更加钟情于用户数据，充分利用客户与其在线产品或服务交互产生的数据，并从中获取价值。此外，在市场影响方面，大数据也将扮演重要角色——影响着广告、产品推销和消费者行为。

大数据处理无法离开云计算技术的支撑，云计算技术为大数据应用提供了弹性无限扩展的基础设施支撑环境以及数据服务的高效服务模式，大数据则为云计算增加了新的商业价值。总体而言，云计算、物联网、移动互联网等新兴计算形态，既是产生大数据的地方，也是大数据分析研究和新技术、新方法的应用领域。

就像信息技术和互联网的快速发展一样，大数据技术将出现一系列重大变革，大数据很可能会发展引领新一波的技术革命。基于大数据的数据挖掘、机器学习和人工智能可能会改变数据里的很多算法与基础理论，这方面很可能会产生信息技术理论级别的突破。

大数据的持续增加，数据不断扩大，这就对数据存储的物理安全性提出了新要求，必须保证存储数据的安全性，防止数据丢失，从而对数据的多个副本与容灾机制提出更高的安全性、可靠性要求。大数据的保护越来越重要，网络应用和数字化生活使犯罪分子更容易获得用户的隐私信息，也有了更多不易被追踪和防范的犯罪手段，犯罪分子可能会想出更高明的骗局。

以数据为中心的解决方案与应用的兴起，世界范围内已经不再将程序应用本身作为独有的优势，相反，数据则能够带来在 B2B、B2C 和 C2C 领域内确立独特优势的关键点。在数据管理中，以数据为中心的模式将会取代传统以程序应用为中心的模式。

实施"互联网+"行动计划和国家大数据战略，大力发展工业大数据和新兴产业大数据，利用大数据技术大力推动信息化和工业化深度融合发展，从而推动工业互联网与智能化向前发展，大数据正成为工业领域的发展热点。工业领域是大数据产生的主体，工业大数据的价值在于，大数据应用为工业产业链各环节提供了增值服务，有力提升了工业生产的附加值。工业大数据的最终作用是为工业的发展、工业企业的转型升级提供了有价值的服务。

第三节　大数据技术

简单来说，从大数据的生命周期来看，大数据应用技术主要体现在以下四个方面：信息采集、大数据预处理、大数据存储、大数据分析挖掘，这四个方面共同组成了大数据生命周期里最核心的技术。

1. 信息采集

流行的数据库采集工具有 Sqoop 和 ETL，开源的数据采集工具 Ket-tle 和 Talend 也集成了大数据采集功能，可实现 Hadoop 系统采集，开源数据库 Hbase 以及主流非关系型数据库之间的数据同步和集成。网络数据采集借助爬虫或网站公开服务接口实现，从网页采集抓取数据，并将其统一结构化处理为本地数据的数据。文件采集包括实时文件采集和处理技术 Flume、基于 ELK 的日志采集与增量采集。数据处理流程首先是源数据导入 ETL（抽取、转换、加载），其次进行数据清洗、数据转换和数据入库。将基础数据加载到主数据库，清洗、转换后的操作数据存储加载到分布式数据库，在分布式数据库内完成数据加工。

ETL 是数据仓库技术的简称，用来描述将数据从来源端经过抽取、转换、加载至目标端的过程。

2. 大数据预处理

大数据预处理指的是在进行数据分析之前，先对采集到的原始数据进行诸如"清洗、填补、平滑、合并、规格化、一致性检验"等一系列操作，旨在提高数据质量，为后期分析工作奠定基础。大数据预处理主要包括数据清理、数据集成、数据转换、数据规约。

数据清理是指利用 ETL 等清洗工具，对遗漏数据、噪声数据、不一致数据进行处理。

数据集成是指将不同数据源中的数据合并存放到统一数据库的存储方法，其着重解决三个问题：模式匹配、数据冗余、数据值冲突检测与处理。

数据转换是指对抽取出来的数据中存在的不一致进行处理的过程。它同时包含了数据清洗的工作，即根据业务规则对异常数据进行清洗，以保证后续分析结果的准确性。

数据规约是指在保持数据原貌的基础上，最大限度精简数据量，以得到较小数据集的操作，它包括数据方聚集、维规约、数据压缩、数值规约、概念分层等。

3. 大数据存储

大数据存储是指用存储器以数据库的形式存储采集到的数据的过程，它包含三种典型路线。

（1）基于大规模并行处理技术架构的新型数据库集群，结合大规模并行处理架构的高效分布式计算处理模式，通过字段存储、索引等大数据处理技术，重点面向行业应用大数据展开的数据存储技术，具有成本低、性能高、扩展性强等特点，在企业分析类应用领域有着广泛的应用。较之传统数据库，其基于大规模并行处理产品的 PB 级数据分析能力有着显著的优越性。另外，大规模并行处理能力的数据库，也成了企业新一代数据仓库的最佳选择。

（2）针对传统关系型数据库难以处理的数据和场景，利用 Hadoop 开源优势及相关特性（善于处理非结构、半结构化数据，复杂的 ETL 流程，复杂的数据挖掘和计算模型等），衍生出相关大数据技术的过程。伴随着技术进步，其应用场景也将逐步扩大，目前最典型的应用场景是：通过扩展和封装 Hadoop 实现对互联网大数据存储、分析的支撑，其中涉及了几十种非结构化技术。

（3）专为大数据的分析处理而设计的软、硬件结合的大数据一体机，它由一组集成的服务器、存储设备、操作系统、数据库管理系统以及为数据查询、处理、分析而预安装和优化的软件组成，具有良好的稳定性和纵向扩展性。

Hadoop 是一个以一种可靠、高效、可伸缩的方式能够对大量数据进行分布式处理的软件框架。它假设计算元素和存储会失败，因此它可以维护多个工作数据副本，确保能够针对 Hadoop 失败的节点重新分布处理。Hadoop 是高效的，因为它以并行的方式工作，通过并行处理加快处理速度。Hadoop 还是可伸缩的，能够处理 PB 级数据。此外，Hadoop 依赖于社区服务器，因此它的成本比较低，任何人都可以使用。

Hadoop 是一个分布式计算平台，用户可以轻松地在 Hadoop 上开发和运行处理海量数据，用户能够轻松架构应用程序，Hadoop 逐渐发展成为开放的事实标准。

4. 大数据分析挖掘

大数据分析挖掘是从可视化分析、数据挖掘算法、预测性分析、语义引擎、数据质量管理等方面，对杂乱无章的数据进行萃取、提炼和分析的过程。

（1）可视化分析。

可视化分析是指借助数据图形化，通过图形清晰传达与沟通交流信息。数据可视化主要应用于海量数据关联分析，即借助可视化数据分析平台，对分散的异构型数据进行关联分析，并做出数据之间分析图表的过程。数据可视化具有一目了然、直观清晰、快速传递信息的特点。

（2）数据挖掘算法。

数据挖掘算法是指通过建立数据挖掘算法模型，对数据进行搜索试探和计算分析。数据挖掘算法是大数据分析的理论核心。根据应用范围的不同，数据挖掘算法多种多样，且不同数据算法基于不同的数据类型和数据格式会呈现出不同特点。但创建数据挖掘算法模型的过程是相似的，即首先分析基础数据，其次针对特定的模式和数据关联趋势进行查找，并用分析结果定义创建挖掘模型的最佳参数，并将这些参数应用于整个数据集，以提取可行模式和详细统计信息。

（3）预测性分析。

预测性分析是大数据最重要的应用领域之一，结合多种高级分析功能，诸如数据挖掘、实体分析、数据统计分析、文本内容分析、实时的评分卡评分、预测分析建模、算法优化、机器学习等过程，通过预测分析模型的算法预测不确定事件发生的概率。预测性分析帮助用户分析结构化和非结构化数据中的趋势、模式与关系，并运用这些指标来预测未来或未知事件，为决策提供科学参考和评判依据。

（4）语义引擎。

语义引擎是指通过为已有数据添加语义的操作，提高用户互联网搜索体验。它是语义网时代的搜索引擎。

（5）数据质量管理。

数据质量管理是指对数据全生命周期的每个阶段（计划、获取、存储、共享、维护、应用、消亡等）中可能引发的各类数据及数据质量，进行识别、监控、度量、预警等操作，以提高数据质量的一系列数据管理过程。

数据质量管理主要包括大数据流式、实时计算工具、Spark Streaming、Storm 等。查询分析工具有 Drill、Phoenix、Flink、SparkSQL、Hive 等。

第四节　大数据产业链构成

大数据的产业链，大致可分为数据标准与规范、数据安全，数据采集、数据存储与管理、数据分析与挖掘、数据运维、数据应用几个环节，覆盖了数据从产生到应用的整个生命周期。

1. 数据标准与规范

大数据标准体系的建立是开展大数据应用的前提条件之一，如果没有统一的大数据标准体系，数据的共享、挖掘、分析、决策支持就无法实现。大数据的标准包括大数据体系结构标准、数据格式与标准、组织管理标准、安全标准和评测标准。在标准化建设方面，我国数据标准参与单位主要包括中国电子技术标准化研究院、各大数据库开发公司、数据拥有单位以及各个行业的标准化组织。

2. 数据安全

随着数据的不断增加，对海量数据存储和访问的安全性要求越来越高，从而对数据的访问控制技术、安全保护技术以及多个副本存储与容灾机制等提出了更高要求。另外，由于大数据处理主要采用分布式方法存储和计算，这就面临着数据传输、数据交互等环节信息泄露的风险，如何在这些环节中保护数据的安全，防止信息泄露、数据丢失，保护所有节点的数据安全就成了大数据发展面对的重大挑战。

在现代信息化时代，传统隐私数据的内涵与外延在概念和范围上都有了巨大的突破与延伸，数据的多元化与数据之间的关联性更加密切，这使对单个数据或单点数据及其用户隐私数据的保护手段变得极其脆弱，需要提出针对多源数据融合的安全防护策略。

在大数据安全环节上保护标准的制定，主要参与单位包括中国电子科技集团公司第 30 研究所、奇安信和其他杀毒软件公司。

3. 数据采集

政府部门，以百度、腾讯和阿里为代表的大型互联网企业，三大电信运营商是当前大数据的主要拥有者。除了这些初始数据以外，利用网络爬虫技术抓取或网站公开接口等途径对网络数据进行采集也是大数据的主要来源。

现实世界中采集到的数据大多不完整或前后采集的数据不一致，无法直接对初次采集的数据进行挖掘或者挖掘结果不理想，这就需要对采集的数据进行规格化、填补、合并、检查一致性等数据预处理操作，并且往往需要大量的人工参与，因此数据采集和清洗成为大数据产业链的一个重要环节。

4. 数据存储与管理

大数据存储与管理的主要参与者以传统数据库企业为主，国际上主要有IBM、甲骨文等，国内主要有华为、中兴、用友、浪潮、拓尔思等。各家企业针对大数据应用开展各具特色的数据库架构和数据组织管理研究，形成针对具体领域的产品。

5. 数据分析与挖掘

数据分析与挖掘的意图主要集中在两个方面：一是从大量的结构化和半结

构化数据中分析出计算机可以理解的语义信息或知识；二是对隐性的知识，如关联情况、意图等进行挖掘。常用的方法包括分类、聚类、关联规则挖掘、序列模式挖掘、时间序列分析预测等。

数据分析与挖掘的核心算法及核心软件主要掌握在大型数据库公司和研究高校的手中，国际上主要参与者包括 IBM、Oracle、Google 等，国内主要参与单位包括各大数据库企业，研究院校，以百度、阿里、腾讯为代表的大型互联网企业等。数据分析与挖掘的能力直接决定了大数据的应用推广程度和范围，是大数据产业的核心。

6. 数据运维

由于对数据的重要性认可普遍提高，除了政府部门的数据通常由服务商运维外，数据的采集者常常就是数据运维者。各地政府方面则通常利用大数据平台建设来推动政府大数据的公开与共享，如云上贵州，吸引个人和企业用户开展创新与创业，积极推动大数据的增值服务。

7. 数据应用

大数据对传统信息技术带来的革命性挑战正在重新构建引领信息技术的发展方向和产业格局。国内以百度、阿里、腾讯为代表的互联网企业还有云计算和数据库厂商纷纷加大应用与推广力度，在国际先进的开源大数据技术基础上，形成独自的大数据平台，提出各行业应用服务解决方案，以支撑专业化应用。

虽然这些大数据企业在大数据平台构建上取得了得天独厚的优势，但是在某些具体业务应用领域并不擅长。传统企业以及从事大数据的微型企业是特定业务领域上大数据应用的主力军。

当前大数据的应用发展正在倒逼软件基础技术、数据存储架构、数据共享方式的转变，在转变思维过程中需要积极应对，明确数据共享的方式是什么，数据拥有者的利益如何平衡，商业模式如何开展等。目前来看，许多企业在大数据产业链里仅拥有一两项开发和应用能力是远远不够的，只有将大数据产业链融会贯通才能催生更大的应用市场和产生更广阔的利润空间，从而在大数据驱动的新时代商业竞争格局中脱颖而出。

第五节 大数据在科普工作中的应用分析

一、大数据应用形势和重要意义

科技馆的"智慧化"代表了科技馆通过引入多种信息技术元素使自己更人性化的一种发展趋势。科技馆智慧化一方面得益于现代信息技术的快速发展；另一方面是智慧城市概念的提出及其实践发展，为智慧科技馆的未来发展提供了现实的模式和动因。信息化的过程蕴含着媒介的演变，当代的信息化发展可以概括为数字化、网络化和智能化三个阶段，这也符合科技馆信息化的整体进程和趋势。因此，通常可以将智慧科技馆视为科技馆在信息化驱动下的某种目标形态，科技馆的信息化则成为实现智慧科技馆这一目标的必要过程。随着信息化的发展，在全球范围内，运用大数据推动经济结构调整、完善社会治理手段、提升政府服务模式和监管能力正成为趋势，有关发达国家相继制定实施了大数据战略性文件，大力推动了大数据发展和应用。目前，我国互联网、移动互联网用户规模位居全球第一，拥有丰富的数据资源和应用市场优势，大数据部分关键技术研发取得突破，涌现出一批互联网创新企业和创新应用，一些基层政府已启动大数据应用的相关工作。坚持应用数据创新驱动产业发展，加快大数据基础设施建设，深化大数据应用实践，已成为稳增长、促改革、调结构、惠民生和推动政府治理能力现代化的内在需要与必然选择。

大数据技术应用成为推动经济转型升级的新动力。以数据流引领技术流、资金流、人才流，将深刻影响社会分工协作发展的组织模式，促进生产组织方式的集约和创新。大数据推动社会生产要素的网络化共享、集约化整合、协作化开发和高效化利用，改变了传统的生产方式和经济运行机制，显著提升了经济运行水平和效率。大数据持续激发商业模式创新，不断催生新业态，已成为互联网等新兴领域促进业务创新增值、提升企业核心价值的重要驱动力。大数据产业正在成为新的经济增长点，将对未来的信息产业格局产生重要影响。

大数据应用成为重塑国家竞争优势的新机遇。在全球现代信息技术快速发展的大背景下，大数据已成为各个国家重要的基础战略性资源，正引领着新一轮科技创新。要充分利用大数据发挥我国的数据规模优势，实现数据质量和应用水平同步提升发展，发掘和释放数据资源的潜在价值，更好发挥数据资源的战略作用，提高网络空间数据主权保护能力，维护国家安全，提升国家竞争力。

大数据技术应用能够揭示传统技术手段难以发现的关联关系，大力推动政务数据资源共享，促进社会公共事业数据融合，大数据技术将极大提升政府、企业整体数据挖掘分析能力，为有效地处理复杂的社会问题提供新的辅助分析手段。大数据现已成为提升政府治理能力的新途径。实现基于数据的科学决策，将推动政府管理理念和社会治理模式进步，逐步实现政府治理能力现代化。

二、科普大数据建设的意义

科普大数据建设的意义可以通过培育、扶持若干有较强吸引力的品牌科技馆，研究开发网络科普的新技术和新形式，开辟网络科普新途径，促进科普网站之间开展科技传播的交流，加强网站之间的合作来实现。国家对现代信息技术在科学传播领域所起作用的重视程度日益凸显，信息技术在科学技术普及领域的应用也亟待进一步发挥。

科普信息化建设是社会进步的需要，在现代社会发展进程中，信息的交流与传播具有举足轻重的地位，特别是在当今高速发展的信息化时代，文化的生命力、创造力、影响力、凝聚力在很大程度上取决于媒体的覆盖范围和传播实力。与科学技术传播方式如出一辙，互联网既是社会科技文化的载体，新时代传播科普的渠道，也是科技文化的组成部分，更是国家科技竞争力的表现。随着互联网等新兴媒体的快速发展，人们获取知识的渠道不再是单一地购买科普图书、收看科普电视节目。人们可以通过网络直播，目睹科学活动，并参与评论发表感想。以互联网为主体的现代信息技术的广泛应用为科学文化传播提供了全新的传播模式，使网民接受科学知识的渠道多样化，获取的知识更加多元化。

科普信息化建设是国家、社会和公众的普遍需求。第八次科学素质调查的结果表明，我国公民对科技信息的兴趣程度显著增长。这充分说明科普不仅是国家政府的大政方针，也是普通大众的本质需求。信息化科普不仅能够为公众提供更加便捷的科学文化消费途径和渠道，提供更加丰富多样的消费内容，还改变了公众参与其中的被动消费地位，使其具有了共同创造的平等话语权。

科普信息化建设是加快科技成果应用转化的基础。我国为了提高自主创新能力，高新技术的研发投入大幅度提高；但是，科技项目成果的科普重视程度不高，亟待充分利用现代科技手段，把科研试验基地搬上互联网、手机应用等媒体，产生更广更好的社会效果。

三、智慧科技馆大数据应用的内容

在传播角度方面，贯彻整体性的宣传目标和策略来提升科技馆与潜在受众的交流互动。在运营方面，体现了科普服务和工作协同的创新，其核心是整合部门资源，重构业务流程，以工作流的服务串联信息化的协作。教育的角度指向信息通信技术元素与展览、教育之间的融合。科普技术的发展进步基于信息化的快速发展，服务和协作创新是信息化不断向前发展的应用创新之一。信息通信技术与展览可以吸引更多的人参观学习，信息化创新又为科技馆运营绩效提供了支撑，让科技馆更科技，在科普技术的发展中，大数据功不可没。

1. 基础支撑系统

建设基于大数据平台支撑的科技馆服务平台，集中解决管理和业务发展问题，以信息技术为基础，接入互联网，地理信息系统集成，构建贯穿整个科普过程的感知与智能服务体系。

基于大数据标准体系和科技馆全局业务分析，数据管理与服务平台提供统一的数据访问、交换和展现服务，支持多方系统集成，实现资源共享，提供基于主题的综合查询服务，并可按照具体业务需求扩展应用主题和信息查询。实现经营、服务、管理、运行的全业务流集成管理，建立智慧化的科普旅游服务、营销和管理的全新方式。高度信息化的大数据智能综合服务平台是信息技术与科普产业深度融合的产物，贯穿科普活动全过程、服务全链条、经营全流程，以技术创新增强科普竞争力，优化观众体验，提高场馆管理水平，实现科技馆的智能化管理和运行。

2. 坚持政府数据与社会数据相统一

当前，随着互联网、物联网、移动通信等社会化数据源渠道的飞速发展，全社会数据资源正在从过去政府掌握 80% 的全社会公共数据资源逐渐转变为社会化数据资源占绝大多数的新格局。在当前万物互联化、数据泛在化的大背景下，越来越多物理实体的实时状态被采集、传输和汇聚，从而使数字化的范围蔓延到整个物理世界，物联网数据将成为人类掌握的数据集中最主要的组成部分。正因如此，政府要加快公共服务领域数据集中和共享，推进同企业积累的社会数据进行平台对接，形成社会治理强大合力。要想系统描述和刻画全社会经济运行全貌，就要形成覆盖政府、企业、社会机构、个人和海外的相关信息，跨层级、跨地域、跨系统、跨部门、跨业务的数据采集汇聚机制，强化陆海空天电网数据资源全领域、全要素统筹，实现对全国范围内信息化、网络化、可视化和智能化的数字集成创新，实现国家一体化数据资源体系框架，有效提高国家数据资源的纵横联动和协同管理能力。

3. 建立面向参展的动态本体库体系

在科技馆信息化的过程中，科技馆要立足于现代信息技术视角，综合利用多种形态的信息传播技术来改善情境中的混合观感体验。在归集汇聚相关数据的基础上，构建人流、展品、交通、事件、展馆、安防等对象的动态本体库。以参观人员信息、展区展品信息、电子参展卡路线为主线，依托统一编码对接相关数据资源，对本体对象（objects）、属性（proper-ties）和关系（relationships）进行抽象化处理，依托复杂网络分析方法及大规模图计算技术，实现动态本体图谱的展现、布局、搜索、统计、分析、推理、演绎和学习，支持动态本体混合检索、路径发现、频繁子图挖掘、关键节点识别、社团发现等功能，形成多维度分析、多视角监测、多领域应用的动态本体图谱分析能力。

4. 以复杂网络分析为核心的行为依赖性仿真分析

与自然科学研究不同，社会科学研究的对象与人高度相关。批判实在论认为，社会活动关系、结构和机制的存在具有对人类活动的依赖性，它既是人自身各种行为的社会化结果，又是存在于行为者之间相对持久的社会关系。行为经济学则认为，情境往往决定了人们如何决策，因此我们可以利用对情境的研究来解释甚至预测人们的参观行为。大数据相比传统统计手段的一个最大优势是可以通过非干预的方法获取主体行为方方面面的"痕迹"数据。通过归集行为数据，可以刻画展馆与展品之间、展品与展品之间、展品与观众之间、观众与观众之间（如社交关系、亲友关系、位置关联等）的主体关系，从而构建以微观主体为节点、以主体间关联关系为边的展馆社会运行复杂网络，并运用图计算、网络社群挖掘、复杂网络演化分析、社会网络等分析方法识别经济运行主体的行为依赖性凸现现象和演化规律，并基于网络拓扑结构刻画科技馆运行的复杂性，实现对科技馆发展的预测。利用"展馆—展品"矩阵关系和非线性迭代算法刻画科技馆发展潜力与展品布展复杂性，较好地预测科技馆竞争力和展品布展趋势。

5. 以地理信息系统为依托的时空依赖性仿真分析

既然社会关系、结构和机制依赖于人们的行为与观念，那么其就不可避免地对行为主体所处的时空条件产生依赖，而不会具备时空上的恒定性和普遍性。新古典传统的通用做法是"避开地理问题——大部分模型构建将世界想象为没有运输成本的世界"，是"没有尺度的仙境"。大数据时代的到来，使得基于个体粒度的海量时空轨迹来获取人类移动模式成为可能。在现实世界中，超过80%的数据都与地理位置有关，对于经济研究而言，个体、企业、产业、工程项目等研究对象都有十分明确的时空分布特征。正因为如此，时空大数据研究是当前大数据领域十分热门的一个分支。构建以地理信息系统为依托的时空依赖性仿真分析平台，大致包含三个方面的技术功能：一是传统意义上的地理信息技术在科技馆参展分析中的应用，包括开展数据融合、变化检测、目标特征提取等技术研究；二是将各种科技馆运行相关数据在一个地理信息平台上实现时空叠加和比对分析，可以基于项目位置信息叠加卫星高分遥感图片、周边人流密集度、路网拥堵情况等多重图层，实现对科技馆运行效果的精准分析；三是从时空关联的角度开展分析挖掘。

6. 建立科技馆运行预测分析平台

当前，大数据手段已经与商业化场景紧密结合，通过运用基于大数据的分析和挖掘技术手段，使得商业智能从过去的报告和决策支持模式跃升到商业预测与未来决策模式。人们试图通过大数据手段，从各种实时、交互、离散化、非结构化的海量数据中，发现场馆社会运行的各种先行指标信号，并形成多种预测模型。

（1）对传统预测模型的优化改进。

通过将大数据指标整合到传统统计预测模型中，实现对传统预测效果的提升。该方法的基本步骤包括两步：第一步，仅使用传统统计信息选择初步最优预测模型；第二步，将互联网搜索行为加入选择的模型中，最终确定最优模型。

（2）基于复杂网络的预测模型。

目前，复杂网络中的链路预测方法已经成为该领域研究的一个重要热点，即通过已知的网络节点信息、网络结构信息等预测网络中任意两个节点之间产生链接的可能性。在构建参观主体关联网络的基础上，可以综合运用相似性预测、最大似然估计预测、概率模型预测等方法开展复杂网络链路预测，从而实现对科技馆运行复杂网络未来走势的预测。

7.构建风险监测预警平台

（1）构建风险识别模型库。

针对自然人方面，重点围绕犯罪热点预测、疫情传播预测、人群聚集点风险、互联网金融、网络诈骗、非法传销等问题进行风险识别建模。针对法人方面，重点围绕涉及重大政策和重大项目的违法违规、社会纠纷、实施进度、金融杠杆率、流动性风险、社会信用风险、违法犯罪、外部冲击等重点风险领域开展建模分析。例如，在互联网金融领域，可以重点围绕非法集资企业精准画像、核心控制人捕捉、异常风险事件发现、欺诈风险识别等显性风险点，开展风险模型训练、数据测试集校验建模，不断提高科技馆对往来单位和参观人员的风险识别与应对处置能力，切实防范潜在运行风险。

（2）构建风险评级体系。

利用机器学习、风险模型、专家评分等手段，构建覆盖自然人和法人的风险识别特征库，在整合归集多种数据源的基础上，对不同行业、不同层级的评估对象进行风险评级，以实现更加精准、超前的风险识别与预测预警。

8.运营指挥

大数据带来的重点变革之一，是对领导决策思维、管理模式和处理方法的变革。基于工作经验的决策彻底让位于基于数据计算的决策。决策就是通过数据分析对行动方案优化设计并最终选择行动方案的过程。科技馆运营指挥利用云计算、物联网、互联网、大数据技术等将科技馆海量信息归集，通过智能化分析，为科技馆管理者提供一个智能可视化平台，实时了解科技馆状态，为科技馆的规划管理决策提供依据。通过对科技馆进行监测、巡查、分析、预警、评价、公共安全、资源统筹和服务的全周期管理，解决综合管理难的问题。

9.运营数据分析平台

随着我国科学技术水平的不断发展，计算机网络技术的广泛应用，我国已经步入了大数据时代。在大数据背景下，各种繁杂的数据层出不穷，一时难以掌握其基本特征及一般规律，这也给科技馆的运营数据分析工作增添了不小难度。在大数据的背景下，基于大数据前沿技术构建科技馆运营数据分析平台受到越来越多企业的重视，在具体的数据分析工作中，也起到了越来越重要的作用。

运营数据分析平台的建设，其一，满足业务管理系统上线以来日益增长的数据分析需求，快速掌握业务状况，发现业务问题与偏差，促进管理改进，利用准确、及时的信息制定业务决策。其二，迎接大数据时代科技馆面对的诸多内外部挑战，从不断加速产生的大量数据中攫取有价值信息，发现和创造新的机会；优化科技馆业务流程，控制风险、提高效益。本次项目摒弃传统的数据分析平台建设模式，将运营数据分析与大数据平台建设相结合，打破不同应用系统、信息来源的界限，对海量数据进行有效组织、存储，加以分析并转化为有价值信息。

运营数据分析平台建设将以展现整体业务现状和服务决策层为主要目标，以业务管理系统的数据为核心，结合系统外部已获取的产品运维数据，实现相关业务数据展现和数据透明化。在技术实现上，采取先进的大数据应用技术作为企业整体数据管理的基础结构，借助云计算数据处理与应用模式的广泛运用，为科技馆处理日益增长的海量数据，实现高效、可扩展的低成本解决方案。深化和拓展公司商业智能与知识服务能力，提高经营决策效率，实现从"业务驱动"到"数据驱动"的转变。通过智能软件平台、网络系统、核心数据、数据中心四大方面建设，实现科技馆信息的大数据整合和深度开发激活，形成与展馆服务相关的休闲餐饮、旅游导览、展区布置、文化娱乐、人员流动、交通动态、热点主题等数据资源池，并为观众提供可视化展现，为科技馆管理者提供管理决策的依据。

运营数据分析平台要满足数据处理采集、存储、计算、应用功能，能够同时满足 PB 级的结构化和非结构化数据的快速处理需求。该平台的关键技术如下：平台整体架构采用虚拟化云计算及分布式计算架构设计，主要由基础设施层、支撑软件层、安全保障体系、服务保障体系组成；实现基于 Hadoop 的大数据开发和运行环境；实现基于大数据的 HDFS 分布式文件系统存储；针对小文件优化的分布式文件系统，充分考虑公司未来的数据增长，满足海量数据存储需求；实现基于 Hive 数据仓库及数据集市建设分析；实现基于 HBase 的快速响应数据存储支持；实现基于 Oozie 的数据分析 Job 配置管理；提供面向非结构化数据的 NoSql 数据库服务功能；提供行业业务数据的大数据分析引擎；根据公司业务需求及数据特点，提供 Spark 分析计算框架，确保数据的并行计算和实时分析以及系统的响应效率；提供机器冷数据（非业务数据）的数据分析引擎和算法工具；提供基于 HTML5 等技术的系统页面设计和展示；基于 Echart、D3、Jquery 等开源软件实现丰富的图表展现；提供大数据云化服务平台，封装数据接口服务和大数据分析云服务以及大数据读写存储云服务。

通过整合科技馆内部核心业务数据与外部产品数据，基于运营数据分析平台汇总分析，通过直观生动的展现方式，采用不同颜色的预警和异常提示，以整体视角呈现科技馆运营状况，为科技馆决策提供直观、数据化的有力参考依据。运营数据分析平台是一套卓越的管理决策支持系统，可深化数据应用，满足科技馆现阶段的管理要求及未来业务发展的需求，提升科技馆的整体信息化水平，进一步促进科技馆未来的快速发展。

第六章 科学教育的理论基础

纵观世界上科学发达国家的历史可以看出，任何一个国家搞现代化总是从科学教育入手的。这主要体现在学习先进科学技术，培养自己的科技人才以掌握和创造先进的科学技术。本章将对科学教育的发展历史与理论基础进行分析。

第一节 当代科学教育的主要理论与思潮

科学教育是社会生产发展到一定历史阶段的产物，现代意义上的科学教育是伴随着文艺复兴时期自然科学的诞生而产生的。在科学教育发展的不同阶段，涌现出了培根、斯宾塞、杜威贝尔纳、布鲁纳、弗雷泽等一批优秀的科学教育理论家。他们各自提出了适合科学发展的科学教育理论，不仅促进了科学教育的实践与发展，也开启了现代科学教育改革的新局面。

一、培根经验论的科学教育理论思潮

从 15 世纪后半叶起，欧洲开始产生近代的自然科学。资本主义的发展，引发了一系列新的技术发明，推动了社会发展，为近代科学教育的兴起创造了极其有利的条件。在这一时期，被人们誉为"现代科学之父"的英国唯物论哲学家弗朗西斯·培根提倡自然科学，主张学以致用，提出了"知识就是力量"的口号，号召人们掌握科学知识，反对经验教育，成为科学教育的首创者。但是，培根的科学教育建立在他的经验主义的感觉论基础上，因而被称为"经验论的科学教育理论"。

1.培根对科学知识的认识和科学分类的提出

在培根的著作中，充分体现了对于科学知识的推崇与热爱。他认为，科学知识对于人类生活具有无法替代的重要作用。出于对整个人类知识全部加以改造的理想，培根对以往的知识进行了重新研究，并在总结科学发明和技术创造的基础上，提出了关于科学知识的分类。

培根提出的这个科学分类体系是一个百科全书式的知识体系，尽管并不完善，但是对于学校教育中课程内容的科学化影响很大。

2.改革经验教育，提倡科学教育

科学的发展并不是在一代人的时间内能完成的事情，需要人们富有牺牲精神，共同努力，代代钻研。基于这样的认识，培根认为，学术人才的培养对于科学的发展具有重要意义。僵死的经院教育难以培养合格的学术人才，所以他又提出了一个令人神往的教育方案。这个方案的核心思想是：所有人都应成为科学的参与者，在科学类学校从事科学研究，重心在于探索自然界的知识。为了办好学校教育，推进学术发展，培根还主张抓好三件事情：一是建筑学术的处所，二是印行学术的书籍，三是提高学者的待遇。他还认为，应谨慎选择教员，注重学生的个性化发展，学校之间应注意学术的交流等。

3.提出科学的实验归纳法

为了打破人类认识道路上的一些"假象"，培根在认识论上系统提出了实验归纳法。培根提出的实验归纳法，可以说是对认识方法和思想方法的一个新改造，是当时科学发明在特定阶段的总结，为近代科学教育的兴起提供了方法论的基础。

培根倡导的科学教育思想，直接影响了当时和以后的学校改革。他极力提倡的自然科学知识跨进了学校的大门，他描绘的理想教育制度为近代科学教育的实施提供了理论蓝图。

二、斯宾塞实证主义的科学教育理论思潮

从17世纪科学教育正式确立后，直到19世纪，各种自然科学进一步发展，并在西欧国家和美国的课程教育中占据了重要位置，科学教育进入了一个新时期。赫伯特·斯宾塞（Herbert Spencer，1820—1903）是继培根之后又一位全面论述科学教育的理论家。在《什么知识最有价值》一文中，他系统阐述了自

己的科学教育思想。

1.提出科学教育最有价值

自文艺复兴以来，现代科学技术得到了长足的发展，但与之形成极大反差的一个现象是，当时的英国学校盛行着极为保守的古典教育，认为拉丁文、希腊文等古典文化知识具有最重要的价值。鉴于这样的社会现实，斯宾塞提出了极具挑战性的问题：什么知识最有价值？在其《什么知识最有价值》一文中，答案是科学；世界上的一切活动都离不开科学知识，"科学是使文明生活成为可能的一切过程能够正确进行的基础"；同样，在学校教育中，科学作为学校的课程内容，在培养学生上，也是最具有价值的；因此，科学教育应成为新教育的重要组成部分。

2.建立以科学知识为中心的课程体系

斯宾塞在批评当时英国古典中学课程的非实用性基础上，认为最有价值的知识就是科学，为生活做准备的知识价值最高。在他看来，教育的职责应该是帮助我们更好地去生活，因而，评判一门教学科目最合理的方式就是看它在多大程度上实现了自己的这一职责。他将人类活动加以分类，并根据活动背后隐含知识的重要程度，将对应教育排列成一个合理的次序，即准备直接保全自己的教育，准备间接保全自己的教育，准备做父母的教育，准备做公民的教育，以及准备生活中各项文化活动的教育。由此出发，斯宾塞制定了一个以科学知识为中心的课程体系。

此外，斯宾塞还强调实物教学在科学教育中的重要作用，认为科学教育不应仅局限于学校内或教室内，而应走向大自然，在大自然中观察现实的事物，从而更好地学习科学。

由于斯宾塞的论述，加之当时社会自然科学的飞速发展，自然科学在学校的课程中逐渐占据了重要位置，教育理论也开始承认科学教育对儿童培养具有重要意义。同时，在斯宾塞所属的那个年代，义务教育制度逐步确立，科学教育逐渐呈现制度化的特征，现代的科学教育在这一时期正式确立。

三、杜威的科学教育理论思潮

约翰·杜威（1859—1952）的教育活动主要活跃在 20 世纪早期，而这一时期美国对于教育的争论主要集中在这样一个命题上，即教育是否接纳科学以及建立在这种科学基础之上的哲学思想。杜威主张教育要"接受科学",同时也要接受建立在这种科学基础之上的哲学,即实用主义的经验论。在这一点上,杜威与斯宾塞有了一定的分歧。

1. 重视科学方法的教育

在杜威看来,在学生刚开始受教育的阶段教师就教授学科的概念和定律,"往往使学生不明了这些定律是怎样引申出来的,最好的教法也不过略示这些定律的来源。于是学生仅学得所谓'科学',并未曾学得科学的方法,用来对付日常经验所习见的材料"。杜威在整个职业生涯中都反对将科学当作诸多现实知识、事实和定律组成的学科内容,科学的本质应该是探究过程或科学推理的方法,学校应该将科学思维的教学作为首要目标。"人类文明的未来取决于科学思维习惯的广泛传播和深刻掌握,因此教育中的问题是如何使这种科学思维习惯成熟和有效。"当然,重视科学方法的培养,并不代表杜威对于科学知识教学的轻视。在《民主主义与教育》一书中,他还针对科学学科详细论述了课程、教材和教法等内容。

2. 论"做中学"

杜威强调科学方法和思维的培养,由此出发,主张让学生在"做中学",在"做"中思维,通过思维提出和解决问题,在"做"中检验获得经验的有效性,即教学应该让学生从自身的活动和已有经验中学习,"做中学"即"从活动中学习""从经验中学习"。杜威根据思维的五个步骤提出了教学过程的五个步骤。

(1)教师让学生准备一个与生活相联系的情境,并引导学生对某一问题产生兴趣。

(2)给学生足够的资料,使学生得以对付情境中的问题。

(3)学生根据教师给予的资料形成解决问题的思考和假设。

(4)学生将形成的解决问题的方案加以排列,使其秩序井然。

(5)在实际操作过程中验证这些解决方案的真实性和有效性。

按照这样一个完整的教学过程,根据学生的兴趣和经验把潜伏在学生身体内的能力巧妙地引导出来,培养学生的科学思维和科学方法。

杜威顺应时代和工业发展的趋势,批判了传统教育的理论和方法,指出学校教育应该重视学生科学方法的养成,并提出了一整套完整的科学教学过程,对美国的教育产生了很大影响。

四、贝尔纳的科学教育理论思潮

约翰·D.贝尔纳（John Desmond Bernard，1901—1971）是英国著名的科学家，也是公认的科学理论的奠基人，科学教育的倡导者。他的著作《科学的社会功能》一书集中反映了贝尔纳的科学教育观点，深入分析了科学教育与社会需求之间的关系、科学教育的目标、科学教育的方法等。

1.论科学教育的"先天不足"

贝尔纳认为，"科学教育的目的有二：提供已经从自然界获得的系统知识基础，并且有效地传授过去和将来用来探索及检验这种知识的方法"。贝尔纳指出，现今的科学教育在后一方面尤为失败。长期以来，科学教育都没有完善地达到目的，即传授给学生科学思维的方法和培养他们的创造能力。他还强调，科学的特殊贡献在于培养学生进行科学的思考，能够针对某一现象背后的原理进行审慎的思考。只有具备了这种科学的推理方法，才能做到"当遇上超过自己直接经验范围以外的具体问题时，知道到哪里去找答案"。

2.论科学的教学形式和教学方法

贝尔纳认为，应对传统的、呆板的教学形式和教学方法进行改革，提倡一种"科学的教学"。他提倡的是一种"有生气的讲课"：教师应对讲题进行一种有感受的、富有启发性的评述，向学生交代科学知识的来龙去脉，而不是片面地向学生灌输科学知识；同时，教师应在教学过程中注重科学知识与实际生活的联系，从而"引起学生的兴趣并激发学生思考"。

除了单纯的教师教授以外，贝尔纳还提倡一种"早期科学家学习科学的方法——师父带徒弟的方式"，即学生在教师的指导下，去探究、解决一个对于学生来说还是未知的科学问题。"用师父带徒弟的老方法所传授的科学方法，可能要比安排最好的一套示范所传授的科学方法多得多。"

在"师傅带徒弟的方式"上，贝尔纳特别强调该方式在大学教育中的重要作用。大学培养的学生应该能自力更生地和通力合作地去探索知识，而不是去积累知识。对于大学生来说，更重要的应该是培养获取科学知识的能力，而不是单纯地学习科学知识。因此，他在大学里提倡导师制，把导师制作为大学教学的一种重要形式。

3.科学课程的现代化、综合化、人文化

贝尔纳认为，科学课程必须实现"三化"，即现代化、综合化、人文化。

第一，科学课程必须实现现代化。贝尔纳生活的时代，正是科学技术迅猛发展的时代，公理学和逻辑学动摇了数学理论的基础，相对论和量子力学颠覆了牛顿等的经典力学，生物学和遗传学的发展日新月异。在这样的一个时代，学校科学教育的内容却"因循守旧"，新的科学理论必须经过四五十年的考验才可以传授给学生，针对这样的弊病，贝尔纳提出科学课程应实现现代化，积极吸收新的科研成果补充到教学内容中，缩短新成果的出现与列入教学内容之间的时间间隔。

第二，科学课程必须实现综合化。贝尔纳认为，当时的科学教育内容过于专门化，尤其在大学里人为地进行学科分类，系科之间壁垒森严。这样的后果就是，一方面，不同学科之间存在重复的教学内容，甚至是相悖之处；另一方面，培养的人才缺少跨学科思维，对于交叉学科缺乏敏感性。贝尔纳提出，各门课程应该相互交叉，形成一个网络系统。

第三，科学课程必须实现人文化。这首先是"必须打破把自然科学与人文科学截然区分开来，甚至互相对立的传统，并代之以科学的人文主义"。也就是说，在更大的领域内，将自然科学与人文科学结合成为一个网状结构。贝尔纳认为，科学是一把双刃剑，"兼起建设和破坏的作用"，因此必须通过社会科学和人文科学的教育，使学生掌握真正的科学知识，为人类造福。

贝尔纳作为科学教育的奠基人，可以说是站在后现代主义者反思科学的立场上的。他提倡的开放性、综合性、人文性的科学课程具有明显的后现代主义倾向。

4.考试制度必须改革

贝尔纳认为，考试制度必须改革。从了解学生的科学方法和科学才能来看，复述型的考试和制度是最没有价值的，应该把学生的研究性活动作为重要的考试方式。按照贝尔纳的观点，科学教育应该让学生理解科学，掌握科学知识在生活和生产实践中的重要作用，而不是单纯背诵几个公式和科学结论。"只要考试制度原封不变，我们就永远不可能有合理的科学教学"，在当时的学校教育中，学生为了适应考试制度的要求，不但没有掌握科学方法，反而在全盘背诵教科书和教师传授的科学知识。这种考试制度的存在，使科学教育的真正价值荡然无存。贝尔纳并不是反对考试制度，而是反对死记硬背的考试。目前，我国的考试制度也存在着相应问题，如何找到一条既能照顾科学素养的培养，又能公正反映学生实际能力的考核方法，是亟待解决的一个问题。

贝尔纳关于科学教育的论述，体现了对科学教育的深刻洞察力和真知灼见。他的精辟论述和科学性的预见在今天依然具有诸多可借鉴之处。

五、布鲁纳的结构主义科学教育理论思潮

20世纪50年代之后，科学教育进入了新的发展阶段。苏联的人造卫星上天，引起了美国对于科学教育的重视，掀起了改革科学课程的浪潮。美国著名心理学家、结构主义教育理论的主要代表人物杰罗姆·布鲁纳（Jerome Bruner，1915—2016）在这场改革中发挥了重要作用。布鲁纳组织会议共同探讨了怎样改进中小学学科特别是科学学科的教学以提高教学质量的问题。他出版了《教育过程》一书，集中反映了他的教育改革思想。

1. 让学生掌握学科知识的基本结构

布鲁纳曾提出："不论我们选择教什么学科，务必使学生理解各门学科的基本结构。"他认为，这是对于学生在运用知识方面的最低要求，有利于学生在生活中调动知识从而解决实际问题。布鲁纳说的基本结构是指某一学科的基本概念、原理和原则，甚至包括学习该学科的态度和方法。学生学习学科的基本结构有利于学生记忆的保持和知识的迁移运用。在这样的思考下，布鲁纳提出，学校课程教材的编写应充分体现对于各学科基本原理的关注，邀请各学科领域专家介入教材的编写；教学内容应精选学科内具有代表性的基本概念。

2. 培养直觉思维的科学教育

布鲁纳认为，当时的学校教育过于重视分析思维的培养，即一次前进一步，以仔细规定好的演绎推理和归纳推理为基本特征，而忽视了对于直觉思维的培养。直觉思维与分析思维是相对应的，即不通过明确的步骤而直接根据已有的知识经验实行跃进、越级和采取捷径，然后再根据演绎法或者归纳法重新检验所做的结论。布鲁纳认为，直觉思维和预感的训练是正式的学术学科与日常生活中创造性思维很容易受忽视而又重要的特征，学校教育应该注重引导学生掌握这种思维方式。

3. 提倡"发现法"教学

布鲁纳认为，学习、了解一般的学科基本概念和原理虽然重要，但更重要的是培养学生在新情境中积极探索、独立解决问题的能力。而这种能力的养成应该依托于"发现学习"，即学生自身在情境中做出假设，设计方案，从而解决问题，学会"如何学习"。

布鲁纳在出版的《教学论》一书中，指出发现学习有以下四点作用。

（1）提高智能的潜力。

（2）使外部奖赏向内部动机转移。

（3）学会奖励做出发现的最优方法和策略。

（4）帮助信息的保持和检索。

布鲁纳的科学教育理论，强调学生学习的主动性和学习的认知过程，重视认知结构的形成，不仅对美国，而且对整个世界的科学课程改革都产生了巨大影响。在美国国内，它掀起了中小学课程改革的热潮，出现了诸多的课程计划，大量专家学者参与科学教材的编制工作，进一步加速了课程现代化的进程。同时，布鲁纳的科学教育思想对我国基础教育课程改革也具有一定的启发意义，值得借鉴和进一步探讨。

六、弗雷泽的科学教育理论思潮

弗雷泽（M.J.Frazi）是英国科学促进协会教育分会的主席，国际知名的科学教育理论家。他从"科学为大众"的观点出发，认为应该向所有人普及科学教育，提高整个社会的科学知识水平，以适应未来的发展变化。

1. 提倡面向未来的科学教育

进入 20 世纪之后，相较于教育发展的缓慢，科学技术的迅猛发展使两者间的差距越来越大。另外，长期的教育观念导致教育的发展总是滞后于社会和经济的发展。随着科学技术的不断发展，科学技术在社会发展中起到的作用越来越大，弗雷泽提出要面向未来进行科学教育。他指出，教育是帮助人们更好地创造未来生活的世界，而不是满足于现在或者过去的世界，在这样的现实下，教育应帮助学生更好地适应科学技术带来的社会变化。他还提出，在学校教育中应增加一些"科学与社会"等学科内容，帮助学生更好地适应社会生活。

2. 向所有人普及科学教育

正因为科学教育对人类社会发展的促进作用越来越显著，所以向所有人普及科学教育成为势在必行的一件事情。正如弗雷泽认为的那样，一个国家的大多数青年人得不到均等的科学教育是这个国家最大的耻辱，同时也是这个国家愚昧的表现。弗雷泽认为，应该向全体青少年普及科学教育，每个人都应该掌握一定的生物科学和自然科学的基本知识。

3. 重视教师教育

弗雷泽认为，实行科学教育，改进科技课程的教学，归根到底要取决于教师。教师要适应知识更新加快的形势，改变教育思想，变革教学方法和手段，教学重点应从科学知识的传授转向科学方法、手段的培养，同时培养学生的创新能力，让学生懂得如何进行学习。弗雷泽认为，让学生了解知识的来源以及获得知识的途径，要比单纯获取知识重要得多。因此，要想促进科学教育的转向，就应该重视教师教育，从教师的观念转变入手，培养适应当今科学教育的教师。

重视科学教育，普及科学知识，成为许多国家的基本国策，而弗雷泽提出了要面向未来进行全民的科学教育，这在一定程度上促进了各个国家科学教育的发展。

在科学教育发展的不同阶段，科学教育理论都有不同程度的发展。科学教育理念从重视科学知识教育发展到重视科学方法的培养，再到知识、方法并重，通过这样一个过程，科学理论逐渐走向科学化，促进了科学教育实践的发展。

第二节　科学教育的学科基础

在国际科学教育发展史上，制度化的科学教育实践是最近 200 年来的事情，从教育理论角度探讨科学教育则是从 19 世纪中期才开始的。在科学教育发展的最初，对其理论探讨总是从教育学和心理学这两门"母学科"开始。例如，早期提出的实物教学和自然学习这两种教学模式的形成得益于卢梭、裴斯泰洛齐（Johann Heinrich Pestalozzi）与福禄贝尔（Friedrich Wilhelm August Fröbel）等的教育思想。杜威关于科学教育的思想则源于其实用主义的教育哲学和心理学。科学课程改革时期，除了自然科学家在课程发展中起主导作用，心理学家如皮亚杰、布鲁纳、加涅等也发挥了不小的作用。

正如德国著名的科学教育学者瑞恩德斯·杜伊特（Reinders Duit）所说，科学教育是以科学为主要参照学科，以科学哲学、科学史、教育学、心理学及其他社会科学和人文科学为基础建立起来的"一门真正的交叉学科"。科学教育作为一门交叉学科，其理论发展必然要借鉴有关理论学科的成果，建构自身的分析框架，从而提出解释有限范围的小型理论。

在科学教育学的诸多相关学科中，除了以科学本身作为参照，以教育学作为"母学科"以外，还有两大学科对科学教育产生了极其重要的影响。科学教育就是建立在这两大学科基础之上的，那就是哲学和心理学。

一、科学教育的哲学基础

科学教育自 19 世纪中期产生以来，无时无刻不受到各种哲学思想的影响。形形色色的西方哲学流派从不同角度对科学知识的价值、科学方法的过程加以阐述，其中许多思想精髓对世界科学的发展产生了重要影响。

（一）实证主义科学观与方法论

自培根提出"知识就是力量"这一著名论断直至 19 世纪下半叶，西方思想界对于科学的崇拜达到了极点，但是这种高度弘扬科学的思想很快走向了另一个极端。实证主义就是"科学崇拜"思潮中的一支主力军，同时也是实证主义亲手摧毁了人们对科学的崇拜。实证主义虽然高度提倡科学、推崇科学，但是又怀疑人的认识能力，这种对科学的双重态度，是 19 世纪中叶产生的实证主义的一大特征。

首先，实证主义哲学是以经验论作为其哲学基础的，这种经验是指按照实证自然科学的要求获得的经验，由于它能被证实而具有科学的意义和价值，它提倡实证的科学精神。其次，实证主义哲学继承和发展了休谟的现象主义观点，把认识限制在现象范围之内。他们认为，只有现象或事实是"实证的东西"，现象之外的实在是不可想象的，认识的根源正是现象。所以，他们提出了科学知识的相对论或不可知论。最后，实证主义者提出科学的方法应该是实证的方法，应该通过观察、实验、归纳等自然科学方法达到认识自然的目的。

1. 提倡实证的科学精神

实证主义以提倡科学精神著称于世。孔德认为，科学是人类智慧发展到最高境界的产物，所谓科学精神，即实证精神。根据实证主义的理论，首先，"实证"意味着现实的、确凿的和精确的。科学要求以观察到的事实为出发点，注重实际而不尚空谈，注重有事实根据的确切知识。其次，"实证"意味着有用的和有效的。孔德认为，所谓的实证精神，就是坚持在一切科学（包括自然科学和社会科学）研究中对经验事实进行观察、检验。而科学研究的任务就是客观精确地描述和系统逻辑地分析经验世界的实际运行，通过探寻不同现象之间的稳定关系来发现支配事物运动变化的规律，从而做出合理预测。该精神体现了这样的信念：科学是一切知识的基础；科学基于观察而不是臆测；科学研究应保持"价值中立"，避免主观偏见；科学理论必须逻辑严密并得到经验证据的支持。

2. 科学知识相对论

实证主义者继承传统经验主义的观点，认为知识来源于对可感世界的现象的认识，任何知识的产生都应完全归于可证实的实验。科学即实证知识，只有具有确定根据的知识才是科学的，它是人类知识发展的最高阶段。一方面，实证主义强调科学是"以观察到的事实为依据的知识"，强调科学的实证精神的要旨是尊重事实，尊重观察，"除了以观察到的事实为依据的知识以外，没有任何真正的知识"；另一方面，实证主义认为既然科学知识是直接用感官观察到的事实，而人的观察"不可避免地密切依赖于人们所特有的内在的和外在的条件"，所以必须永远把知识看作依赖于我们机体和我们地位的相对的东西，总之，"一切都是相对的"，绝对的知识是不可能的。推崇科学又怀疑科学的认识能力，这种矛盾态度是以孔德为代表的传统实证主义的共同特征。

3. 实证的科学方法

在前两者的基础上，实证主义哲学理所当然地提出科学的方法应该是实证的方法，尽管科学知识是不可知的，但人们信仰的基础应该在于确凿的证据。所以，总的来说，科学知识的相对论或不可知论是一种以"拿证据来"为核心的实证科学的方法论原则，实证的科学方法尤为提倡大量观察和归纳。此外，实证主义还认为，只有把实证精神贯彻到人类知识的一切领域，才能为改造社会和改造教育奠定坚实的基础。

实证主义思想对科学教育的影响是非常深远的。19 世纪下半叶，美国教育家艾略特（Charles W.Eliot）认为，科学教学就是要通过观察，培养学生的归纳思维能力，以及由观察判断而做出推理的能力。因此，在实践中，他坚持采用实验室进行科学教育，以此作为发展学生观察力和归纳思维的方法。美国是"基于这样一种信念：科学探究是科学研究和科学学习的核心"，因此主张"学习科学是学生要亲自动手做而不是要别人做给他们看的事情"，并认为科学是一种以实证为判别尺度的格物致知的路径。

我国在中华人民共和国成立后至 20 世纪末颁布的历次教学大纲，都强调基础知识与基础能力的培养，强调知识的实际应用，而一些科学教师认为，科学教学中传授的科学知识就是教科书上的定义、定理、定律和公式，获取知识的方法也主要是记忆、了解、理解、掌握和运用，所谓运用，主要就是用于解题以应对考试。这种科学教育的倾向其实凸显了实证主义的影响。

（二）实用主义科学观与方法论

与实证主义哲学相伴发展的实用主义哲学在美国产生。它把科学知识看成一种实用的假设、应对环境的工具，与实证主义一起成为 20 世纪西方科学知识观的主要流派。它的创始人是美国哲学家皮尔士（Charles Sanders Peirce），将它系统化的是詹姆斯（William James），使其进一步发展并与教育紧密联系的则是杜威。

实用主义与以往的哲学流派不同，它认为哲学的重点必须从讨论知识的真理性转移到知识的效用性，即哲学研究不应注重一般实在和认识的问题，而应注重价值领域内对人类活动进行的指导。因此，实用主义的根本宗旨是强调立足现实生活，把采取行动当作主要手段，把获得实际效果当作最高目的。

詹姆斯认为，真理并不是对客观对象本质和规律性的反映，而是观念或经验本身之间的一种联系，这种联系只要能使人们获得预期效果，也就得到了证实，就可以称这种起作用的观念为"真理"。在他看来，一个观念，不管它是否正确地反映了客观实在，只要它能为你工作，替你带来有用的效果，它就是真的。

在詹姆斯理论的基础上，杜威认为，科学知识是应对环境的有效工具，检验标准在于它的效用。能使公众有效地达到适应环境、求得安全之目的的知识就是真理，即"效用是真理的尺度"。科学知识作为一种工具，它本身是无所谓真假的，因为工具只有有效或者无效、恰当或者不恰当、经济或者浪费之分。但是，杜威同时认为，所谓"有用"并不是指个人需要的满足或私人的舒适，而是包含公共的和客观的意义，可见如何使科学有利于整个人类社会的发展，同样也是实用主义关心的问题。

总的来说，实用主义方法在关注行动、实践及其效果方面包含辩证的因素，它重视激发儿童的学习兴趣，充分考虑到个人发展的需要，有利于整体地看待和解决问题。

二、科学教育的心理学基础

从人类社会教育的发展历程来看，不同的学习理论对科学教育的影响是显而易见的。其实，每个时期科学教育的发展都离不开其背后广阔的理论背景，尤其是心理学思想，心理学相关理论可以说是教育实践与理论发展的思想源泉。在科学教育的发展过程中，主要有两大心理学流派深刻地影响了科学教育的理论与实践。

（一）行为主义心理学

行为主义心理学兴起于 20 世纪上半叶，是西方近代心理学发展进程中最大的一个学派。行为主义心理学由美国心理学家华生（John Broadus Watson）发起，后来又经过多位心理学家的深化，发展成为一个非常完善并具有很强实践性的理论流派，对近代教育尤其是科学教育产生了非常重要的影响。

行为主义心理学在产生和发展过程中深受两种背景理论的影响。一种背景理论是自然科学知识中的生物学和生理学，最主要的是苏联生理学家巴甫洛夫通过对动物的研究提出的经典性条件反射理论。

巴甫洛夫认为，人和动物的行为，包括人的一切智慧行为和随意行为，都是在无条件反射基础上形成的条件反射。华生后来把经典性条件反射理论作为行为主义的基本理论基础，使刺激—反应（S—R）成为行为主义心理学的基本概念。他提出人的学习也是一种刺激代替另一种刺激建立条件反射的过程，也就是在外界刺激下，建立各种刺激—反应之间的联结。

行为主义心理学产生的另一种背景理论是哲学中的实证主义。实证主义的基本观点认为，客观世界是脱离人而客观、独立存在的，人关于客观世界的知识都是以经验和可观察到的事实为基础的，实证的方法才是科学的认识方法。这种哲学基础深刻影响了华生，其突出表现为，华生只把人可观察到的行为作为心理学的研究对象，完全抛弃了人的意识、个体特有的心理过程等在心理学研究中的位置，强调科学研究的客观化，推崇科学的经验性质和科学的方法论等。

在华生行为主义基本理论的基础上，斯金纳（Burrhus Frederic Skinner）通过动物实验对华生的理论进行了深化，提出了操作行为主义的基本理论。他提出人和动物的一切行为都是由特定刺激引起的，都符合刺激—反应的规律，都是一种反射行为。但是，根据反射行为形成的条件，他把这种由反射形成的行为分为两类：应答性行为和操作性行为。应答性行为是由特定刺激引起的；操作性行为是由机体自身发出的行为，这种行为由于受到强化而成为特定情境中随意的或有目的的操作。

人的学习就属于操作性行为，操作性行为是可以强化的，这表现在如果反应紧跟强化刺激，反应就会有重复出现的趋向，强化必须由外界的强化刺激引起，任何能提高操作反应率的刺激都是强化刺激。

将行为主义心理学运用于教育过程，就特别强调知识的客观性和学习者行为外在的可强化性，认为学习就是通过教育者或外界环境不断地强化使学习者牢固地建立起刺激—反应的联结。因此，行为主义的教育观特别强调外界环境和教育对学生学习的作用，重视教育过程中教师的主导作用和教师主动性的发挥，教育过程中教育者的目标就是以强化的方式传递客观世界的知识，使学习者外在的行为发生变化。

20世纪上半叶，人们一般把科学教育目标定位在传授科学知识和对学生科学方法的培养上，科学史就是客观存在的、已经由科学家发现的知识，科学方法就是观察、实验、归纳等实证主义的方法，因为这些都是科学者外在可以表现的行为。科学课程也是以科学事实的知识、定律、理论等为主要内容，并主张科学事实自身的客观性、独立性，以科学的分科课程为主要原则。

从行为主义的基本观点和教育实践中我们可以看出，行为主义把注意力集中在学生外显的知识积累和行为上，忽视了教学过程中学生心理过程的变化。强化只是机械地重复学生外显的行为，却忽视了学生主体对问题的理解和固有的逻辑能力，因此，使学生的学习处于一个较低水平，造成了教育结果的片面性。另外，行为主义的课程观认为，科学知识在学科范围内是确定无疑的，这使行为主义的科学教学实践为学生传递了一种对科学和科学知识的不正确观念，不会培养学生科学发现、科学创新过程中应有的批判、怀疑、创新的能力和态度。这使人们开始了对行为主义心理学的反思。

（二）建构主义心理学

随着行为主义心理学反思的增强，心理学界开始将眼光逐渐转移到对主体的研究。随着研究的深入与实践的展开，形成了心理学中建构主义的思潮。建构主义认为知识是发展的，是个体内在建构的，是以社会和文化为中介的。学习者在认识、解释、理解世界的过程中建构自己的知识，在人际互动中通过社会性的协商进行知识的社会建构。

与行为主义截然不同，建构主义认为学习不是一种简单的刺激—反应现象，其要义是科学知识不能传递，它必须由学生主动地构建。从建构主义的产生和发展来说，皮亚杰（Jean Piaget）和维果斯基（Lev Vygotsky）起着重要的作用。

皮亚杰在发表的《发生认识论原理》一书中反对行为主义心理学的刺激—反应定律，提出一定的刺激只有被个体同化或顺应，主体才能对刺激做出反应。同化是指个体把刺激（外部环境中的有关信息）纳入自己已有的认知结构中；顺应是指当外部环境发生变化时，个体原有的认知结构无法同化新环境中的有关信息，从而使个体受到刺激或因环境的作用而引起原有认知结构发生变化和创新，以适应外界环境。皮亚杰作为建构主义的先驱，其着眼点主要在个体对知识的建构上，因此，心理学上一般称为"个人建构主义"。

随着人们对于个人建构主义缺陷的认识，即容易造成知识的个人主义和相对性，社会建构主义得到了越来越多的关注。最早为建构主义注入社会视角的是维果斯基，他也强调知识是主体建构活动的结果，但他更强调主体建构过程中社会文化历史背景的作用。他把认知发展主要看作文化、历史、社会和个人相互作用的结果。

建构主义对于科学教育的研究和实践的影响都是巨大的，在科学教学和课程研究与实践方面，在科学教育评价和理科教师教育方面，建构主义都是主要的理论基础。建构主义可以说是科学教育研究的范式。

建构主义对全世界的科学教育都产生了极大影响。建构主义促使人们对科学知识、科学学习和科学教育的本质进行了重新认识，由此导致了科学知识观、科学学习观和科学教学观的深刻变革，推动了科学教学模式、教学策略的改变。

1.科学本质观

科学本质观是人们对于科学本质的看法，它是影响科学教育改革的重要理论基础。传统科学本质观受逻辑实证主义的影响，认为科学知识就是科学本质，最多再加上科学方法，而现代的科学本质观受到建构主义的影响，认为科学探究是科学的本质。逻辑实证主义认为，科学知识是客观的、可靠的和稳定的，而建构主义否认科学知识的确定性，认为科学知识作为科学活动的产物，是可变的，并不能成为科学本质，只有在科学活动中呈现出的科学探索精神和科学方法的运用才是科学本质。

2.科学知识观

建构主义关于知识的基本观点有以下几点。

（1）知识具有主观性和相对性。

（2）知识具有个体性和情境性。

（3）知识具有社会建构性。

建构主义认为，知识不可能以实体形式存在于个体之外，尽管语言赋予了知识一定的外在形式，并且获得了普遍的认同，但这并不代表每位学习者对于该知识的理解是相同的。知识的获得是个体基于其经验背景而建构起来的，而其经验背景是在其特定情境下形成的。个体的经验背景具有主观性，个人的生活历程和学习历程决定了其对于某一知识的理解具有差异性。知识具有主观性和相对性，同样也具有个体性和情境性。知识不仅是在个人与物理环境的相互作用中建构的，也是在社交互动中形成的，发展正是将外部的、存在于主体间的东西转变为内在的、为个人所特有的东西的过程，从这一角度来看，知识又具有社会建构性。

3.科学学习观

建构主义认为不存在绝对客观的、永恒的知识，所有的知识都具有个体性、情境性、社会性，个体的知识学习不是从零开始的，而是基于个体原有的知识经验背景逐渐建构起来的。在科学学习中，学生在生活过程中已经形成了对客观世界的一定看法，学生的头脑中存在一定的"前科学概念"，这些概念会对学生的科学学习产生影响。建构主义认为，科学学习就是学生概念转变的一个过程，概念转变存在两个过程：一个是"充实"，即对原有的概念进行增加或删减；另一个是"重建"，意味着创造结构。

4.科学教学观

基于建构主义的科学知识观和科学学习观，建构主义对传统的科学教学观进行了深刻批评，形成了建构主义视角下的科学教学观。建构主义认为，科学教学的目标不应指向单一的科学知识的掌握，而应指向以科学探究能力为核心的科学素养的培养，帮助学生形成科学世界观、科学探究精神，并掌握一定的科学方法，这才是科学教学的基本价值所在。在教学方法上，建构主义主张"在与情境的对话中建构知识"，既然科学知识具有情境性，那么科学教学就应该为学生创设良好的问题情境，学生在情境中通过解决问题，自主地建构知识，从而形成新的认知结构。建构主义提倡的支架式学习、抛锚式学习都是提倡在情境中建构学生的知识。在教学评价上，传统的科学教学评价重视评价的甄别功能，强调终结性评价，而建构主义把评价看作课程与教学的一个有机环节，评价不是为了甄别，而是为了诊断学生在学习过程中出现的问题好做针对性改进，从而促进学生的发展。

建构主义否认知识的绝对真理性，强调科学知识的个体意义，强调情境性、自主性的教学方式，无论在理论上还是实践上，都对国际上的科学教育改革产生了极大影响。

作为教育的重要领域，在现今社会的科学背景发生重大变化的情况下，科学教育的最终目标归于学生全面科学素养的养成，科学教育的改革实践对各种哲学思潮和学习理论采取一种开放、兼容的观点是非常必要与重要的，理论知识是实现目标的方式和手段，人的科学素养的提升才是科学教育改革与实践的最终目标。

第七章 科学教育典型教学策略及方法

科学教育不仅要使学生获得一定的科学知识，还要培养学生的科学能力，包括科学精神、观念和态度在内的现代科学价值规范，这些目标的整体实现，主要依赖于教学策略和方法的恰当选择及有效使用。本章将对科学教育典型教学策略及方法进行论述分析。

第一节 科学教学的发展趋势

"教学方法"是指教师和学生在教学过程中，为达到一定的教学目的，根据特定的教学内容，双方共同进行并相互作用的一系列活动方式、步骤、手段和技术的总称。我国现今的课堂教学包括科学教育在内，基本是在传统教学理论的指导下进行的，即以知识、书本和教师为中心，这种现状同科学教育倡导的以活动、能力和学生为中心，重视学生主动参与、重视科学学习的过程和重视科学态度价值观养成的思想有很大距离。教学方法是科学教育中最能发挥学生主动性并体现其参与性的环节之一，也是科学教学体系中改革弹性和力度较大的一个方面。我国科学教育中也引入了许多有效的教学方法。就目前而言，我们对讲授法、讲读法、谈话法可谓驾轻就熟、得心应手；讨论、练习、自学和一些综合的教学方法已进入课堂，演示、观察、实验和参观等方法也已为大家接受。虽然现有的科学教学方法已经做了重大调整，但仍有许多方面还需进一步的革新，应该继续树立以学生为本的思想，将单纯以课堂为中心的教学转向课堂与户外实践活动相结合的策略，让学生由读科学转为做科学。综观之，这种革新的趋势主要表现在以下几个方面。

一、倡导以学生为主体的建构主义科学教学观

建构主义认为，学习实际上是学生主体与学习对象之间的一种建构活动，因而在科学教育的教学过程中，学生应该成为教学活动的中心，但这并不意味着否定教师的作用。建构主义科学教学观认为，对学生而言，科学知识是主体建构活动的结果，因此它不能传递给被动的学习者，而必须由每个认知者主动建构。教师的任务就是促成学生自己建构知识，他传递的概念、思想等，必须经过接受者依据他们自己的经验予以解释，才可以变成接受者自己的新知识。建构主义本质上规定了学习科学是一种创造性的活动，学生能否理解和运用某种科学概念或原理，关键在于能否促使他们在问题情境中积极主动地思考。这种教学观建立在学生理解科学知识的基础上，能够促进学生的独立思考和全面发展。具体说来，建构主义科学教学观要求教师：以学生的已知和须知为基础，鼓励学生从日常的生活、兴趣和需要中选择科学学习的主题；帮助并引导学生确定他们建构科学知识的最有效途径；引导学生发展分析思维和创造思维，以便科学处理搜集到的信息和实验数据。简言之，就是让学生通过科学推理来解决自己的问题，实现真正的自我发展。教师在进行这种以学生为中心的教学时，通常是让学生自己搜集和展示大部分教学内容，教师的职责主要在于促进这些活动的顺利进行。

以学生为主体的建构主义教学方法并不是现代社会中的一种全新东西，中国古代教育家提倡的启发教学法和苏格拉底的问答法，也含有建构主义的精髓。因此，我们可以说，凡是能够促进学生独立思考的教学方式都具有建构主义的因素，这是一种能够为广大教师所接受并实践的教学模式。美国在建构主义的基础上提出的，"学习科学是要学生亲自动手做而不是别人做给他们看的事情"，"光是动手活动还不够——学生还必须有动脑的活动"，因此，在这部标准中处处体现着学生的能动主体地位，"有经验的教师会引导学生去认识自己学习的目的，引导他们制定自我评价的战略"。我国"倡导学生主动参与、乐于探究、勤于动手，培养学生搜集和处理信息的能力、获取新知识的能力、分析和解决问题的能力以及交流与合作的能力"，因此，教师在教学过程中应该注重培养学生的独立性和自主性，引导学生质疑、调查、探究，在实践中学习，促进学生在教师指导下主动地、富有个性地学习。

二、强调科学探究作为教与学的指导思想

探究作为科学学习的方式，需要明确假设，提出问题，运用判断思维、分析思维和逻辑思维，也需要提供多种可能的解释，形成个人见解，因此，它是一种手脑并用的科学活动过程。科学教学就是要促成学生开展探究学习，所以探究就成为科学教学的指导思想。

总之，无论教师采取怎样的教学行为，都应当避免简单地把有关科学的概念和认识策略直接告诉学生，而是要尽力创设恰当的问题情境和社会交往环境，让学生进行充分的智力活动，通过探究发现科学的内容要素及认知策略。因为并不存在达到这个要求的最佳教学模式，所以教师必须不断探索，采用多种教学措施或策略。也就是说，教师促进学生探究学习的过程也是一种探究过程，它体现为一种教育理念或教学指导思想。在我国，科学教学往往被视为科学知识或具体科学实施方法的传递过程，即使有探究的因素，也仅将其局限于一些具体的观察、实验活动之中，并且忽略了探究过程中科学思维方式的培养及感悟，学生并没有体验到真正的科学探究过程。因此，《基础教育课程改革纲要（试行）》着重强调科学探究不能像科学知识那样直接教给学生，而是要运用各种教学方式与策略，让学生把从探究中获得的知识与从其他方式获得的知识联系起来。在新课程标准指导下的科学探究活动将成为真正意义上的学生自行探究，这就要求教师的教学方式发生相应转化，将科学探究作为自己的教学指导思想，时刻渗透在日常教学工作之中，"教师应营造这样一种环境，教师和学生一起以科学探究的精神，积极主动地探索、认识自然界"。

三、围绕问题展开教学

科学教育中常常开展基于问题的教学活动，特别是关于真实问题的调查和研究，更能激发学生的学习兴趣，调动他们的主动性与积极性，学生在解决问题过程中能够实现科学素养的全面发展。所谓真实问题的学习，是指以自然现象或社会生活中的科学问题作为学习主题，让学生在尝试解决这些真实问题的过程中掌握科学知识，培养科学技能和科学态度。除了具有贴近学生生活经验，利于激发创新思维、逻辑思维等解决问题必备的思维模式，可以动员更多的学生参与到学习和探究中来等诸多优点以外，对真实问题进行教学更是当今世界

科学向社会生活各方面大力渗透后的必然要求。如何处理科学与自然、社会的关系，教学中又如何突出科学与社会的联系等，这些方面都已成为当今世界各国科学教育面临的重要问题。STS 模式被引入科学教学，充分体现了科学技术与社会之间的联系日益加强。在这种形势下，强调对真实问题的教学是科学教育必然的发展趋势。我国的《全日制义务教育科学（7~9 年级）课程标准》规定，学生应较为全面地关注和分析与科学技术有关的社会生活问题，获得对科学、技术与社会关系的理解。

四、应用多媒体教学手段

现代科学教学并不是将教科书视为唯一的学习媒体，多种电化教学手段和计算机的应用已经成为现代科学教学的重要媒介。随着教育步入网络时代，学生获取信息的途径变得更广阔。多媒体、网络应用于课堂教学，通过形象生动的文字、声音、影视，让学生在科学学习时保持思维活动的积极状态，不仅具有更强的启发性，而且能大大激发学生的学习兴趣。世界各国也都把现代多媒体教学手段列入本国科学教育的发展计划中。许多国家充分利用互联网这一信息资源，建立本国的信息高速公路，实施科学教育。加拿大科学课程要求教师能够利用广泛的、各类有趣的、综合的印刷和非印刷资源，其中，应该使视听磁盘、计算机软件和可视光盘成为学生学习经验中的重要部分。美国的一些州鼓励科学教师在课堂上采用科学教具、录像，或者计算机软件程序。以色列则从培养教师的信息技术能力着手，使所有的教师包括科学教师在内都懂得计算机知识，学习计算机辅助教学和掌握现代教学技巧等。

此外，现代科学教学除了应该重视智力因素的开发外，还要重视兴趣、好奇心、克服困难的意志、协作态度以及责任心等情感因素和态度因素在学生科学素养养成中的作用。教师要善于引发、保护学生的好奇心，尊重学生的已有知识、观点，并关注与科学教学内容相关的人文精神、科学价值观的培养等问题。现代科学教学的宗旨就是要尊重学生，摒弃教师自尊自上、替代学生思考、替代学生决策等阻碍学生科学素养形成的教学行为。教师可以通过提出问题、为学生提供接受适合的挑战的机会，以及传授新的思维方法等措施，进行正确的引导、鼓励学生通过调查做出自己的判断，并密切关注学生思想的发展和变化，这些方法已成为近年来科学教学的新趋向。

在我国，虽然传统的科学教学方法和途径已经做了重大调整与改革，但仍然不能满足科学教育发展的需要。科学教学过程中，重知识轻能力、重书本轻实践、重结果轻过程、重教师轻学生的弊病仍然占主导位置。这种现状如果不改变，就很难达到通过科学教育培养创新人才的目的，因此，实施新的、有效的教学策略及方法是刻不容缓的任务。

第二节　科学教育的基本教学策略

自夸美纽斯的《大教学论》诞生以来，教学方法经历了几个世纪的改革，已经形成了一套日臻成熟的方法论体系。针对不同教学目标和内容使用不同的教学方法，不仅可以事半功倍，而且可以达到最佳教育效果。在科学教学领域，经过历次教育改革的洗礼，将探究作为教学过程的指导思想，已经成为世界各国科学教育中的共同取向。因此，传统教学方法都被赋予了或充实了探究的因素，例如，讲解法、实验法、问题法、角色扮演法等，尽管它们不足以代表完整的科学探究，但都具有一定的探究性，对实现科学教育的目标都有重要的使用价值，对提高教学质量也具有特定的功效。但任何教学方法都不是万能的，它需要教育者必须切实把握各种常用教学方法的特点、作用、适用范围和条件以及应注意的问题等，使其在教学实践中有效地发挥作用。

一、观察教学策略

观察，是有计划、有目的地用感官来考察现象的方法，是对某个对象、某种现象或事物有计划的知觉过程。因而，观察法是科学教育中最基本的教学方法，是认识科学世界的一种有效途径；观察力本身就是最基本的科学素养之一，会不会观察，观察是否敏锐、深刻，反映着这一科学素养水平的高低，因此科学教育力图实现的教育目标之一就是让学生具有观察能力。通过观察活动，能够开阔学生的视野，培养学生的创造力、独立思考问题的能力以及科学态度，从而提高学生的科学素养。尽管在科学教学过程中，观察法往往和其他教学方法如实验法、演示法、问题法、发现法等联合使用，但是作为一种独立的教学方法，它也有其自身特点和需要注意的环节。

（1）科学教学中的观察教学策略可分为以下三类。

1）对大自然事物的观察。

对大自然事物的观察一般在森林、田野、草地、河流、社区等进行实地观察。学生既可以观察自然界中的动植物，也可以观察人们的生产活动，这类观察的目的在于唤起学生对周围生活中存在的科学现象的兴趣，并教会学生如何分析它们。需要注意的是，开展此类观察活动时必须提出一定的学习任务，尤其是对于低年级的学生而言，否则观察便会失去增长知识的意义。

2）在教室环境中的观察。

在教室环境中的观察通常和直观教具如挂图、标本、实验仪器、多媒体等联系起来，大多锻炼学生对现象或过程的口头描述能力、分析能力，并能写出观察的结论和结果。

3）实践活动和实验作业中的观察。

观察是实践活动和实验作业的重要组成部分，学生必须仔细观察教师的操作顺序和实验现象，这种观察活动有利于使学生手脑统一，促进学生科学知识与技能的结合。

（2）观察教学策略包括以下主要环节。

1）准备观察材料。

观察材料应该是比较典型的，并且是学生比较熟悉的东西，能够使事物之间的特征分明，避免造成混淆获得不正确的结论。此外，观察材料要有足够数量，尽量做到让学生进行分组观察。

2）明确观察目的。

科学教育活动中的观察，都是为了完成特定任务而围绕一定目的进行的。如果目的明确，就可以准确选择观察对象，进行集中观察，这样容易收到好的效果。

3）提出观察要求。

教师需要在教学中有目的、有步骤、有层次地指导学生观察，逐个提出教学要求，完成教学目的。

4）指导观察方法。

观察要掌握正确的方法，形成良好的习惯，这是发展学生观察能力所必需的。教师在科学教学中主要应该指导学生掌握从整体到部分按顺序观察、用比较的方法进行观察、用间接的方法进行观察以及使用一些简单的仪器进行观察等常用方法。

5）做好观察记录。记录内容应该详细、准确，有的学科还可以按照一定格式进行记录。

6）讨论观察结果。

在观察教学时，教师应该随时注意充分发挥学生的主体性，让学生像科学家那样通过观察探究自然界和人类社会的奥秘。因此在观察过程中，教师不能随意将正确的结果告诉学生，即使他们不断犯错，只要时间允许，就应该鼓励学生继续探索，并予以适当的引导，最后仍然让学生自己得出结论。产生不同的结果在观察过程中是难免的，教师可以引导学生再次检查观察材料是否相同，观察过程是否有干扰因素等，让学生逐步养成求实、严谨的科学态度。此外，不同的年级应有不同的观察要求，例如，低年级的学生更多要求运用感官进行定性观察，中高年级的学生则还要求能够使用简单仪器进行定量观察，教师应该区别对待，根据学生不同的年级特点，进行观察指导。

在指导观察中，教师应该注意逐步引导，及时归纳，让学生学会分析对比、学会由整体到部分再由部分到整体的科学观察方法。教师应使整个教学过程充满趣味性，以激发学生对观察结果的期望，例如，在导入新课时，教师用卡通铅笔形象引出问题，以激发学生的探究兴趣。教师还应该注意培养学生基本的科学素养：观察三支铅笔在外形方面的区别，帮助学生形成认真仔细的科学态度；在培养学生的观察持久力方面，该教案除了采取增加学生兴趣的方法以外，还注重采用教师鼓励表扬的办法，对学生观察能力的提高给予及时肯定。此外，教学案例中还设计了让学生用已有经验判断铅笔型号、最后部分还提出继续让学生思考的问题，这些环节都可以体现出科学与生活的紧密联系，既能激发学生的兴趣，也为他们提供了将知识运用到实际生活中的机会。

二、演示教学策略

在科学教学中经常会用到演示教学策略。演示法是教师把实物或实物的图像展示给学生观察，或通过示范性实验，运用实验仪器或现代教学手段，使学生获得知识更新的一种教学方法。与观察法一样，它也经常与讲授、谈话、讨论等方法配合使用。相对于教具展示而言，科学教育更多在科学实验操作过程中使用演示法。虽然科学实验是由教师操作而非学生亲自执行，似乎相悖于"做中学"的教育理念，但是教师所做的贴切而又精彩的演示实验，往往能够引起全班同学的学习动机，增加对教师的尊敬以及对探究科学世界的兴趣。特别是，在无法让学生分组实验的情况下，更适合使用这种方法。此外，当实验仪器过于贵重，无法供学生分组使用或操作实验仪器较为复杂，需要一定技巧以及实验材料有限并受时间限制的情况下，往往采用教师操作、学生观察的演示教学策略。

演示教学策略具有多方面教学功能。

（1）它能够直观地解释科学现象及科学过程，让学生更加清晰明了，使课本上的理论抽象思维转变为实践中的直观思维，例如，在化学课中教授"碱金属与水反应"时，教师用演示法教学能使学生更易明白这一原理。

（2）它能够比对、证实及评论学生已有的科学经验，并提供应用理论知识的机会。

（3）它能够展示物体、标本以及功能特征，例如，生物学的研究对象是动物、植物、人体等具体事物，因此教学中非常适合运用直观性很强的演示法。

（4）它能够创造一个问题及解决问题的过程，这种演示法将学生的已有经验和未知经验联系起来，激发学生分析演示结果的多种可能，常与问题解决法联合使用。

教师使用演示教学策略时应该注意，要提前做好实验准备，以便能够在教学时尽快进入状态，实验装置尽量简单化；明确实验目的，即这个演示实验要使学生掌握哪些基础知识，了解哪些技能技巧；精心设计最佳演示方式和程序，理顺知识体系；在整个操作实验的过程中，都需要有明确的实验提示和规范的操作步骤，以便能够让学生清楚地观察到实验；实验操作完毕后，要注意实验器材的保存。此外，由于科学实验中有很多不确定因素，教师需要有演示失败的准备和补救措施，尽量避免出现失败的演示实验。教师讲完后应当把教具收起来，也不要提前让学生观看展示的东西，以免失去兴趣。

作为一种传统的教学方法，演示教学策略在现代科学教育中焕发了新的生机。在科学探究思想的指引下，演示教学策略一改以往单纯由教师连做带讲加归纳的方式，而是注入引导、讨论的互动因素，创造学生参与和讨论演示实验的机会。新的演示教学策略模式大多强调学生的主动性和教师的主导作用，分为确立实验主题、教师演示、学生归纳、实验现象、实验结论、教师提问、学生讨论、扩展应用、学生讨论、教师指点等多个步骤。应该强调的是，不要只让学生停留在形象思维阶段，通过讨论引发他们的抽象思维并能够扩展应用到其他领域，才是较为深刻的教学方法。例如，对金属钠性质的演示实验，教师首先演示实验，指导学生观察不同现象；其次由4种现象发起学生讨论并归纳得出钠的基本性质。通过向学生提问"是否用镊子夹住钠放入水中也能收集氢气"这一问题，经过热烈讨论后否定了这种操作，从而实现知识的扩展应用。

教师在开始演示实验前先明确提出需要思考的问题，然后让学生通过观察实验，讨论并归纳出实验结果，这一举措无疑有利于培养他们的观察能力和语言归纳总结的能力。此外，该教案还包括学生自主操作实验的环节，也就是说，将演示法和实验探索策略两种教学方法联合使用，这是在科学教育特别是化学、物理教学中经常采取的处理方式。

三、实验探索策略

实验是科学教育的重要组成部分，现在世界各国都把加强实验教学作为科学教学改革、提高科学教育质量的重要环节。让学生亲自操作的分组实验教学遵循"做中学"的理念，不仅能为学生提供对科学的感性认识，使学生深刻、牢固地掌握科学知识，还能培养他们学习科学研究的基本技能，诸如观察、分析、综合及运用知识等能力；此外，实验探索策略还可以激发学习的兴趣，培养学生实事求是、严肃认真的科学态度，因此它是开展科学教学的一种重要途径。实验探索策略是指教师依据教学目标和需要探索问题，提出相关命题进行假设，利用一定的仪器设备让学生独立作业，以获得实验证明，或者利用教师创设的条件，让学生进行开放性实验，从中发现新现象、找到新规律的教学方法。这种教学方法的最大意义在于，使学生能够直接接触到科学事实及现象，充分发挥学生的主体参与精神。正因为能够获得一手的经验和材料，学生才能正确把握学习目的和结果，有时甚至能发现预料以外的事实。对于那些只凭教师讲解学生不易理解的抽象理论，经过学生的实验，也能彻底地解决。

传统的实验教学法多数是照本宣科或对教师操作简单机械地模仿，学生常常局限于重复验证已有的实验内容，很少有机会主动探究。而在实验探索教学中，仅仅学习如何操作实验过程是远远不够的，更重要的是培养学生研究与发现的能力，因此教师并不需要严格控制实验程序和规定实验结果，只需要创设一定实验条件或提出相关的命题，把验证命题的方法、实验结果的得出这一主动权交给学生。实验探索教学通常包括以下几个阶段。

（1）做好实验前的准备。除了给学生分组外，最重要的是准备好实验仪器和器材。

（2）明确实验的目的和要求。教师根据学生已有的经验提出命题或创设实验条件，实验命题是可以得出结果的，甚至可以得出多种结论。

（3）学生开始实验探索。在实验过程中，教师巡视并及时解答学生的问题，指导学生做好求证。

（4）学生完成实验报告，需要反映出实验结果和实验探索的全过程。根据实验过程，教师和学生共同探讨实验结论，得出一般规律。

教师在使用实验探索策略时须遵循的指导原则之一是让学生在操作实验过程中学习尝试错误，同时这也是一种求真求实、质疑、坚持不懈的科学态度和科学精神培养的过程。教师可以与学生一起事先建立假设，然后学生从事验证假设的实验。通过尝试实验过程与各种实验结果，学生了解到需要沿着一定的操作步骤和教科书的指示分步进行；从尝试错误的经验中，学生感觉到了实验时控制变量的重要性。如此过程，学生将初步理解自然科学的研究方法，进而能够自己发现问题，并体会探究问题的能力和技巧。但是，这种方法要求教师必须提前做好实验准备，例如，器具及药品的分配，实验时的任务分配，控制实验中的变量、防止意外事故的发生等。在实施教学过程中，教师还需要针对学生的学习需求和问题进行具体指导，关注实验内容和过程是否与教学目标相一致，是否超出了学生理解的范围等。

教师首先通过实验演示为学生创设疑问，在证实铁化合物和亚铁化合物之间可以互相转化的同时，让学生继续探索什么物质可以实现两者间的转化，这就促使学生将观察现象后得到的形象思维进一步应用到其他领域。学生实验验证后得出的现象结论在教师引导下，也最终转化为理性的逻辑思维，从而掌握了化学反应的一般规律，这时才真正达到整个教案中教师演示实验、学生自主实验的最终目的。在实验过程中，学生根据已有的化学物质材料，自主控制实验的方法和进程，及时记录实验结果、完成实验报告，最后根据已有的知识经验写出各个化学反应的离子方程式。通过自主探索实验，学生积累了一定的新经验，因此能够在后续的理论探索环节各抒己见，激发思维，教师只需要在其中穿针引线，便可以帮助学生得出结论。虽然这种探究实验的方法比教师讲解更费时间，但教学效果十分明显，学生不仅能够掌握化学学习中必备的实验操作技能，而且锻炼了归纳、演绎的思维方法，提高了学生感受、观察和分析化学现象的能力。

四、合作教学策略

合作教学是以合作学习小组为基本形式，系统利用教学动态因素之间的合作性来促进学习，以团体成绩为评价标准，共同达到教学目标的教学活动。合作教学策略是一个复合性、多层面的概念，大致可以分为师生合作教学、生生合作教学以及全员合作教学三种基本形式。学生之间的小组学习是合作教学的主要载体，它不仅强调共同的学术性目标，而且突出情意目标和技能目标，让学生学会分享观点和理解他人。在小组合作中，教师承担分配学习任务和控制教学进程的任务，每个学生都有明确的学习目标并为他人的学习负责，同伴之间合作互助，协调一致，共同完成知识的建构。小组合作学习提倡以学生为中心，使每个学生都是自由和负责的个体，这可以激起他们强烈的学习动机，能够提供多种观点交流碰撞的平台，使学生在原有基础上进行合作与竞争，充分尊重个体之间发展的差异性，因此，很多教育者认为合作教学能够实现学生个性化和多样化的最大发展。在科学教育中，教师运用合作教学策略，更加强调团体间的协调合作在科学探究和科学发现中的重要性。

一般的合作教学遵循以下基本教学程序。

（1）分组。教师根据教学任务将学生分成合作学习小组，每组通常 2 ~ 6 人，分组时要充分考虑学生的性别、兴趣、成绩、才能倾向甚至家庭背景等因素，使组员构成具有一定差别性。

（2）教师为每个小组分配任务并提出目标和学习要求。

（3）小组成员根据任务展开活动，教师或其他辅导者在小组活动期间随时提供帮助和指导。

（4）学生反馈和集体评价。合作教学策略常常与观察法、实验法等联合使用，在问题解决和研究性学习中的运用频率尤其高，因此，它是目前世界上许多国家在科学教育中普遍使用的一种具有实效性的教学方法。

教师之间的协同工作也是合作教学的一个重要表现形式。广义上的科学教育是一个综合的学科领域，包含数学、化学、物理、生物、地理、道德等诸多方面，因此在具体的教学实施过程中，仅凭某个学科教师的单独力量难以顺利达到教学目标，完成教学任务。所以，一些综合性的科学教育主题需要开发高质量的学科渗透计划。任何完善的渗透方式，都需要对渗透规划负有责任的全体人员的大量合作。来自两个甚至更多学科教师的合作教学，可以为学生提供广泛且深入的教学指导，从而更好地满足学生的需求。

教师间的合作教学不仅可以实现教学内容的互补，如共同备课，共同确定教学内容和方法等，还可以促进同事之间的教学反思。同事可以为反思和行动研究提供很好的帮助：他们可以像顾问一样提出有益的建议，以改进教师的教学；他们也可以成为很好的榜样，观摩同事的教学，可以使教师产生新的想法和有用的建议来改进自己的教学；通过邀请同事听课和观看自己的讲课录像，评判自己的教学，可以提出一些自己没有考虑到的问题。除了学科教师之间的协同工作，其他学校成员、社区成员、政府人员也可以成为合作教学的参与者。例如，学校图书管理员可以与科学教师一起，协助他进行正确的语言和阅读教学，并帮助学生学会查找有关环境问题信息的技能。

五、发现教学策略

发现教学策略是在教师的引导下，学生利用资料或情境自觉主动地探索，从而不断地发现问题和解决问题，培养独立思考能力的一种教学方法。由于发现教学策略最具探究性学习特征，又称"探究法"或"假设法"。美国著名心理学家和教育学家布鲁纳倡导让学生在发现的过程中学习各门学科，尤其是科学知识和技能。他认为，学生的认识过程与人类认识过程有共同之处，教学过程就是在教师引导下学生发现的过程。

发现法强调在科学教育中让学生像科学家那样思考科学，亲自发现问题的结论和规律，从而成为一个"发现者"。因此，发现教学策略的主要特点是让学生自主探索、自主学习。在学习过程中，学生是一个积极的探索者，他必须发挥自主性、创造性和能动性，教师要给学生提供充分的探索空间，给他们提供动脑、动手的机会，从而促使学生由"要我学"向"我要学"转化。此外，这里所讲的"发现"也是一种"再发现"过程，即这种发现不仅局限于人类的未知世界，更主要的是凭借学生的知识基础、思维结构对自己未曾认识的事物的认识，并且这种再发现的过程并不是简单地重现科学家的发现经历，而是要符合青少年儿童的认识规律。

需要指出的是，发现教学策略离不开教师的指导，且这种指导没有固定的模式，可以根据实际情况而定，原则上说，教师的指导要能使学生在有意义的思考路线上进行有意义的探索，尽量避免学生盲目地猜测和无效的活动。"发现方法可以促进发现，却没有固定公式可循，没有什么是教师非采取不可的固定步骤。……从某种意义上说，发现学习方法的全部内容就是自发性、灵活性、适应性、非正规性。"因此，在课堂教学中，教师可以适当组织知识竞赛或班级小组讨论等形式，让学生说出自己的想法和观点，实现思维的高潮，也可以在课程结束时让学生有继续探索的欲望，适当布置相关任务，促进进一步的探索和发现。

综合多种观点，可以总结出在科学教学中运用发现教学策略具有以下几个阶段。

（1）教给学生最基本的探究与发现技能，并向学生提出探究与发现的基本要求，以使他们懂得如何进行富有成效的探究与发现。

（2）向学生提供探究与发现所必需的材料和情境。

（3）学生自行发现问题或由教师提出问题。

（4）学生自行搜集材料，尝试解决问题。在这一阶段，学生可以咨询教师，教师必须巧妙地予以点拨，同时也可以对有关问题向学生质疑，学生之间也可以相互咨询讨论。

（5）反馈和评价发现结果，最终得出必要结论或者获得正确知识。

在科学教育中，教师运用发现教学策略，有助于激发学生学习的内在动机，体验成功的喜悦，增强探究的自信心。探究学习的学生有最大的学习动力——内在动力，并且是为了学习的乐趣而进行学习。很显然，这种教学方法有助于培养学生主动探索、独立思考的能力和习惯，训练学生解决问题的思维与技巧，这将成为终身学习技能的重要组成部分而使学生受用无穷。此外，探究与发现学习尽管强调学习过程，但从不否认学习结果——概念的获得。事实证明，通过发现、探究获得知识的过程，是一种有意义、有效率的学习过程，因此这种教学方法还有利于学生有效地获取和巩固知识与技能。但是，发现教学策略也有其局限性：这种方法为学生呈现材料的过程很缓慢，因此比较费时，对于教育目标的实现而言缺乏效率；发现教学策略对教师的要求也很高，很多教师并不能较好地判断在何种情况下使用何种恰当的教学方式。而且，对于低年级和以情感为基础的学科内容，运用发现教学策略的缺陷更大。因此，一般认为，小学高年级以上学生和具有内在逻辑系统的学科更适用于该方法。

六、问题教学策略

科学的发展始于发现问题，问题可以激励人们去学习、去发现并实现创造的过程，因此学习解决问题有利于学生创造性思维的发展。问题教学策略在科学教育中最常见，且常常是其他教学方法实施的载体，例如，实验教学法可以用科学问题引导学生展开实验探索，发现教学策略就是探究未知世界等。归根到底，问题教学策略是指由教师创设一定的问题情境，引导学生综合运用所学有关知识去解决问题，以启发思维和锻炼解决问题能力为目的的教学方法，同时它也考虑到学生的长远发展，因此力求培养解决问题的综合素质。通过解决科学问题，学生不仅可以掌握科学的方法，还可以懂得如何鉴别问题、提出问题并找到最优的解决途径，这些是已被视为现代人所应必备的科学素养。问题教学策略的最大特点是将学生科学思维的发展置于首位，能够充分调动学生探索的积极性，真正实现知识对个人的独特意义，因此它已经成为现代科学教育中一个很重要的教育方法。

问题教学策略首先应该具备一个恰当的问题，即提出能引起问题情境的实际问题或理论问题。我国科学教育学者经过研究认为，一个"好问题"应该具有以下一个或几个特征。

（1）具有与之相关的、简单的、学生可以理解并能够解决的问题。

（2）在学生已有的知识和能力范围内有多种解决途径。

（3）学生据此导出其他类似的问题。

（4）包含的数据或资料能组合、分类、制表或分析。

（5）能借助观察或实验解决。

（6）学生有直接的兴趣或该问题有一个有趣的答案。

（7）能用学生已有的知识和方法或通过探索可达到的知识和方法进行推广。

在确定某一问题后，教师需要创设与之有关的情境，然后着手开展问题解决的过程。美国著名教育家杜威早在20世纪初就提出问题解决的五个步骤，即创设问题情境，让学生感觉到问题的存在—确定问题的性质，并加以详细界定—寻找资料，提出各种可能的解决方法—验证各种方法，并考虑可能的结果—得出结论，找到最佳解决问题的途径。需要注意的是，在问题解决过程中，教师应该始终担当引导的任务而不能越俎代庖、直接或间接告诉学生答案。例如，教师可以使用多种手段和技巧来指导学生应从哪些方面寻找材料与线索，通过提问让学生思考各种事物之间的关系以及帮助学生检验答案等。

适当的教学技巧可以帮助问题法的有效实施，除了强调引导的作用，教师在教学设计时还可以提前构想多种解决问题的可能，充分准备相关材料，多一些讨论、观察和实验等环节。尽管问题法可以有效培养学生的科学思维，但是由于现实因素的影响仍需要教师花大量时间用于教学准备，同时也需要学生花更多的时间来搜集资料和解决问题，因此在具体实施过程中往往受到限制，从而使问题教学策略的效果大打折扣；学科教学中提出的问题大多仅仅起到让学生温故知新的作用，很少提供创新思考的空间；此外，问题法的实施需要学生具有相关知识经验并达到一定的思维发展水平，因此它并非适用于所有年龄阶段的学生。

第八章 科学教育——学校行动

为了更好地推动科学教育的发展，提高学生的科学素质，许多学校开始实施科学教育方案。本章将对科学教育学校方面的行动进行研究论述。

第一节 科学教育的师资

一、科学教师的素养

目前，我国的科学课程在小学是一门综合性学科——涉及地理、生物学等自然科学领域，在中学则是分科设置——主要是指物理、化学、生物、地理和信息技术等学科。由于科学课程承担着培养学生科学素养的重任，在学科教学中的地位也越来越重要，相应地，提高科学教师的素质是当前较为紧迫的任务。《义务教育小学科学课程标准》提出："不能再让上不了语文、数学课的教师教科学，必须逐步建设专职的科学教育教师队伍。"这说明了我国小学科学教育师资的现状和加强科学教育教师队伍建设的重要性与迫切性。

科学教师应具备以下素养。

1. 从事科学教育的强烈事业心

一个人要在事业上获得成功，其首要条件是有对自己从事事业的深厚感情。幼儿园和中小学的科学教育主要担负着向儿童、青少年进行科学启蒙教育的重要任务。成功的科学启蒙教育能在不同程度上对儿童的科学素质进行很好的熏陶，为进一步训练科学研究能力奠定基础。实践中，我们深深地感受到：科学教师只有对科学启蒙教育这项事业充满深厚感情，才能在工作中兢兢业业、刻苦钻研，才能有从事这项事业的自豪感、使命感和责任感。每位科学教师都要对此有深刻的理解，并为此感到光荣和自豪。

2. 掌握先进的科学教育理念

科学课的教学既要教给学生准确的科学知识，又要培养学生对科学的爱好、兴趣、探究精神和创造欲，训练学生的观察和动手操作能力，要注重儿童与生俱来的对周围世界的探究兴趣和需要，用符合儿童年龄特点的方式帮助学生学习科学。不仅要结合儿童的生活经验，贴近学生的生活，还要着眼于人的全面发展，借助知识的载体作用，培养学生独立探求的精神和健全的人格。教学的指导思想既要注意对学生"学"的关注，又要注意对学生"人"的关注。如果我们用成年人的眼光来看，小学生在科学课上学到的一些所谓的科学知识，根本不值得一学，传授浅显的科学知识并不显得那么重要，就会犯不应有的错误。

3. 必要的教育科学知识

从科学教学实践来看，教育学、教育心理学、儿童发展心理学等教育学科的理论与科学教育教学的关系最密切。有些理论可直接用于指导科学教育和教学活动，例如，教学论研究的教学一般规律，教育心理学揭示的教与学的心理学规律，儿童发展心理学总结的儿童的发展特点等，都对科学课的教学有很好指导。科学教育学和教学法的知识应用性、针对性更强，更应学习和掌握。

4. 广博的科学知识

常言道："要给学生一杯水，教师要有一桶水。"对于科学课的教学来说，更要求教师广泛涉及多领域、跨学科的知识，具有足够的科学事实材料和丰富的科学表象储备。具体表现在以下几个方面。

（1）要对科学教材涉及的基本概念、规律和原理以及决定这些概念、规律和理论的基本事实达到"精通"的程度，深刻把握其内在含义且熟练运用。小学科学是一门多学科、多内容的综合性课程，涉及生命科学、物质科学和地球宇宙等方面，中学科学课程虽然是分科设置，但物理、化学、生物、地理等自然科学领域和其他人文、社会学科的知识都是相关联的。科学教师只有通晓各个领域的专门知识，才能很好地驾驭科学课的教学。

（2）在深刻理解以上内容的基础上，科学教师还要及时了解科技发展的最新信息，以不断完善自己的知识结构。了解科技的最新观点和研究成果，并不要求立即把这些知识传授给学生，但对科学教师来说，只有立足科学的前沿，及时汲取科学发展的知识，才能居高临下地驾驭教材，给学生以恰当的引导启发，为学生播撒未来创造和奋进的种子。

（3）掌握科学探究方法并能够合理运用。科学探究方法教育是科学教育的基本要素之一。科学教学主要帮助学生学会观察，提出问题，做出假设，制订计划，实施计划，分析和综合整理，表达交流等探究方法。只有教师了解和掌握这些常用科学探究方法的特点与要求，才能在教学过程中合理地运用它们，从而发展学生学科学、用科学的能力。

5. 良好的科学教育能力

和其他学科的教师相比，科学教师需要拥有更高的能力。作为一名合格的科学教师，需要具备多种不同的教学能力，其中最重要的是科学探究能力、自学能力、表达能力。

（1）科学探究能力。

科学探究能力是一种综合能力，包括观察能力、实验操作能力、分析推理能力、提出假设和解决问题的能力等。观察和实验是科学探究活动的基础。新课程标准强调，科学探究是学生学习科学的重要方法。学生获得科学知识、发展智能、形成兴趣都需要有一系列的观察实验活动。在课堂教学中，教师要做好演示实验，指导学生独立做好观察实验。课后，教师要引导学生进一步做好课外的探究活动。有些科学教师埋怨学校条件差，缺乏科学教学中所需的观察实验材料。其实，小学科学教学中的观察实验绝大部分都可以取自生活中的物品，应该看到科学教学的观察实验材料就在自己身边。作为一名科学教师，不仅要运用已有的观察实验材料，准确而迅速地完成观察实验操作，更重要的是要善于利用身边的事物和材料，经过一番精心的设计和加工，提出更多简单明了、效果优异的观察实验，让学生理解科学就在我们的身边。

（2）自学能力。

自学能力也是一种综合能力，首先表现在对信息反应敏捷的能力，其次表现在收集资料、检索资料的能力，最后是分析和整理资料的能力。现代科学文化知识的发展和更新很快，这要求科学教师积极学习，努力跟上时代发展的步伐。科学课程教学要求教师具有广博的知识和技能，需要不断更新自己的知识结构，这就要求科学教师具有较好的获取新知识信息的能力。这种能力表现在日常善于读书看报，收听和收看无线电广播、电视及电影，吸收和消化对提高教学水平有用的"营养"，经过分析筛选加工后，成为自己的精神财富，并能在教学实践中加以灵活运用。

（3）表达能力。

科学教师要有较好的口头表达和书面表达能力。教师的语言应当清晰，内容具体，准确生动，有说服力和感染力，能联系实际。在科学教学中，教师语言模糊不清、呆板冗长，会妨碍学生对科学现象的认识，不能引起学生的学习兴趣。为了促使学生主动地获取科学知识，进一步发展爱科学、学科学、用科学的志趣和能力，科学教师应当指导学生阅读科普文章，自己动手写科普小品，并能指导学生写好科学小论文。因此，科学教师需要具有一定的书面表达能力。

在观察实验中，科学教师必须善于将自己的口头语言和实验现象中蕴含的无声语言有机地结合在一起，引导学生由浅入深、由表及里地认识科学现象。有的科学教师不善于借助实验现象中蕴含的无声语言，往往犯有只做不讲或先讲后做、先做后讲的毛病。严格地说，演示实验只能算一种直观教学手段，要求边讲边做，否则就会使演示失去应有的作用。例如，教师演示过滤现象，应当一面安置过渡装置，一面说明支架、漏斗、滤纸的特点以及滤纸的折叠方法，使学生能掌握装置的特点，便于自己操作。

二、科学教师的培训

要提高科学教师的整体素质，就要形成完整的教师培训体系。一方面，教师素质的提高有赖于教师自身的学习、进修与钻研；另一方面，学校需要加强校本培训，有好的培训计划并落到实处，是提高科学教师素质的有效途径。

1. 校本培训的基本要求

（1）学校发展、教师发展和学生发展三结合的原则。

围绕学校发展规划、办学目标、办学特色和教师专业发展的需要来安排校本培训。

（2）实用性原则。

以学校和教师的发展需求为出发点，多途径、多内容、有特色地开展培训活动并解决教师教育教学中的问题。注重校际合作与交流，实行校内教学、教研、培训的有机协同与组合，寻求先进的师资援助，依托现代信息技术，实行开放的校本培训，实现教师之间互助共享。

（3）专业引领原则。

学校要善于与兄弟学校、教科研及培训机构紧密联系，充分发挥专家的作用，加强教师继续教育优质资源的建设，加强培训过程的专业引领和指导；充分发挥本校名师、学科带头人、骨干教师、优秀班主任在校本培训中的示范、辐射和带头作用。

2.校本培训的内容和形式

（1）面向全体科学教育的相关学科教师，全员参与。

学校制定的培训内容要适合科学教师的实际，满足教师的需要，促进教师成长发展。

（2）学校可根据自身实际，有计划、有步骤地选择培训内容。

结合科学教师的专业水平补充必要的科学知识。科学教育中最重要的问题之一是教师需要知晓什么是科学，科学教师就是科学界在课堂上的代表，所有科学教师都必须具有坚实而广泛的科学知识基础，必须了解主要科学学科中的基本事实，理解其基本概念，不仅能够在概念上同数学、技术、学校的其他教学科目建立联系，也能够在科学学科内和科学学科间建立此种联系。在处理个人问题和社会问题时能够运用科学的判断力与科学的其他能力，不仅要知晓、弄懂科学学科内的基本概念，还要知晓、弄懂某些辅助性的实验知识和理论知识。

（3）依托教研网络，加强教学研究。

1）进一步增强片区联动教学研究机制。

学校担任科学教育的教师在教师群体中所占比例较小，尤其在小学，很多学校都只有一两个专职科学教师，这样就很难在一所学校形成浓厚的学科教研氛围。学校、科学教师要善于利用市、区组织的教研活动，使之成为科学教师开展教学交流与研讨的平台，让教师在各级培训活动学习中使教学理念得以转变，能力得以提高。

2）立足课堂，开展教学研究。

深入课堂，是不断提升教师课堂教学调控能力的有效保证。学校可以围绕如何体现科学教育本身的特点，组织相关学科教师进行有主题的教学研究，主题研究的方式可以是：

①集体确定一个教育教学中需要解决的具体问题，制定"问题研究方案"；

②根据"问题研究方案"学习相关理论，开展研讨；

③实施研究方案，上课、听课、评课、反思、调整教学行为，再上课、听课、评课、反思、调整教学行为……围绕同一问题研究，多次研讨，多次听课、评课、反思，调整教学行为，循环反复进行研究。

实际锻炼是一种有效的自我提升方法。教师的教学实践过程，同时也是教师教学水平不断提高的过程。一般来讲，有过多年教学实践经验的科学教师，会有较高的教学水平，这是因为老教师积累了种种正面的成功经验，也经历了许多失败挫折和教训，在多年教学实践过程中，会自觉或不自觉地坚持有益的经验，改正并一步一步地减少错误和缺点，使自己的教学水平得到不断提高。

我国古代第一本教学论专著——《学记》中强调："学然后知不足，教然后知困。知不足，然后能自反也；知困，然后能自强也。故曰：教学相长也。"就是说，只有通过学习，才会感到不够，感到自己水平低；只有通过教学实践，才会知道自己的困难所在，感到不够才会自我检查；遇到困难才会努力学习。科学教师的教学常常要面对不同年龄段的学生、不同年龄段的教材内容，因而需要不断地学习，不断地总结与思考教学的新知识、新技能和新策略。所以，教师要想不断提高自己的教学水平，就要自觉地在自己的教学实践中不断总结、反思、锻炼和提高自己。

科学教师的培训和素质的提升是一个长期的系统工程，需要不断总结经验，大胆创新，勇于实践。

第二节　科学课程资源的开发与利用

一、重视对科学课程资源的开发

科学课程资源，是指有利于实现课程目标，支持科学教学活动的各种因素的总和，它既包括教材、教具、仪器设备等有形的物质资源，也包括教师和学生已有的知识经验、家长的支持态度、社会风气等无形资源。科学课程资源具有多样性特点，一般来说，在科学课程的发展过程中"可利用的一切人力、物力以及自然资源"都可称为"科学课程资源"。虽然各学校在实施过程中也进行了积极的尝试和努力，但是，仍有较多的困难，要达到成熟阶段还需要一个过程。

科学教育中关于生命世界、物质世界、地球和宇宙方面的许多内容都与我们的生活实际息息相关，而学生对五彩缤纷的世界充满了好奇心和探究欲。组织和带领学生进行科学课程资源的开发，对学生的科学探究具有非凡价值。不少学校大量的科学课程资源是在学生主动探究或在指导者的启发、帮助下获得的。科学课程资源是丰富的、大量的、开放性的，它以其形象直观、生动活泼和学生能够亲自参与等特点，给学生多方面的信息刺激；它要求激发学生的兴趣，调动学生多种感官参与活动，使学生身临其境，在愉悦中增长知识、培养能力、陶冶情操，形成正确的态度和价值观。

因此，在《义务教育科学课程标准》中，特别强调科学教师应当树立新的课程资源观，发挥课程资源的作用，使各种资源和学校课程融为一体，更好地为教学服务；强调师生要互教互学，彼此形成一个真正的学习共同体，共同开发、丰富、整合各种课程资源。

科学教师要强化开发和利用科学课程资源的意识，要从学生身心发展的特点出发，关注学生的生活环境、家庭实际，让科学教育结合学生的成长经历，对日常生活中的周围事物能慧眼识金，充分利用身边具体、生动的课程资源，对学生开展科学教育。

二、利用校园内科学课程资源

学生对周围世界有着与生俱来的探究兴趣。新课程理念下的科学教育，要求贴近学生的生活，利用好多种科学资源，在教学中，寻找学校和学生生活中常见的材料，帮助他们不断扩展对周围世界科学现象的体验。

有人认为，科学课程资源就是教材以及参考书，或者一些实验材料。的确，这些是重要的科学教育资源，但是远不止这些。事实上，科学课程资源种类很多，除了教科书以外，还包括教师、教育管理者、学校图书馆、网络中心、实验室、仪器设备、生物园、科技园地以及校园花草树木等。也有人认为，科学课程资源是很神秘、很抽象的，恰恰相反，它是非常具体和鲜活的，它们往往就是学生身边一些常见的事物，而这些常见的事物往往会给学生以具体形象的感觉，也容易令学生对它们产生亲切感，易于引起学生的兴趣和对科学探究的欲望。因此，开发与利用科学课程资源，要从学生身边常见的事物开始。

学生的大部分时间是在校园里度过的，开发利用校园的科学课程资源，是十分必要并且简便易行的。

在校园里，蕴藏着丰富的、有价值的、值得学生探究的科学教育资源，应当创造条件搞好校园生态环境，建立小型的植物园、动物园、气象园、观天园等，完善校园设施（如矿物土壤标本、动植物标本和模型等）。我们要利用这些条件，积极引导学生观察校园内的生物，了解生物的多样性，给校园植物挂牌，使之成为帮助学生认识生命世界很好的课程资源。以一朵常见的花为例，我们可以引导学生在观察的基础上提出许多问题，例如，这种花叫什么名字？这种花什么时候开？它的开花需要哪些条件？它什么时候枯萎？水分是怎样运输的？它是怎样吸收养分的？如何证明它进行了光合作用？有哪些昆虫对它的生长造成危害？如何防止这种昆虫对它的侵害？它与我们人类存在什么样的关系？

还可以以校园里的小池塘为例，在科学教师眼里，它就是一个很好的科学课程资源，它里面蕴含着许多可供探究的东西。我们可以引导学生观察这个小小的生态系统中究竟有哪些小生命；调查池塘岸边生长的各种花草树木，生活着的蚂蚁、蚂蚱、蚯蚓、蜜蜂、蝴蝶等小昆虫；池塘水面上漂着的浮萍，不时有蜻蜓在活动，池塘的水面下生长着水草、鱼类、青蛙以及各种浮游生物。在此基础上，我们可以提出这样一些问题：这些生命都是怎样生活的？它们之间有联系吗？这里面是否存在着食物链？如果将整个小池塘封闭起来，少了某种生物，是否会对整个生态系统的平衡产生影响？在什么情况下会对小池塘造成污染？如果池塘里的水受到了污染，哪种生物首先受到伤害？有哪些措施可以保护小池塘，使它免受或少受污染？

在对上述问题思考的基础上，我们还可以进一步将问题拓展开来，由对小池塘保护的思考，引申出对我们的城市环保可以提出哪些建议。这样一个小小的池塘，就可被我们用来作为锻炼学生观察能力，认识动植物，理解生态系统成员间的关系，以及认识环保重要意义的具体、鲜活的课程资源了。

三、充分利用图书资源

学校图书馆的图书资料是非常重要的科学课程资源，也是最常见的科学课程资源。如何充分利用和开发学校的图书资源？一是学校要增加图书购置的经费投入，有计划地购买图书和订阅报刊资料，丰富各类书刊，特别是科技类的书刊；二是学校要努力建造数字图书馆，帮助学生以最便捷、最高效的方式，通过网络查阅来学习科学知识；三是图书馆要向师生大力宣传和推介各种科技书刊，以便师生及时了解和借阅；四是举办读书活动、知识竞赛、讲座等，以多种形式帮助和促进学生学习科学知识。

现在绝大多数的家长，都非常关心自己孩子的成长，常常为自己的孩子购买各种科普读物。为此，充分利用学生自己的科普读物，最大限度地实现资源共享，是很有必要且经济又实用的。教师可以对每个学生家中的科普读物进行普查登记，随后进行整理分类，按顺序将这部分读物登记在册。有了这样的小册子，每个同学便可以根据自己的需要与兴趣爱好向拥有自己喜欢的科普读物的同学借阅了。这样不仅可以提高每个学生对家中图书资料的利用效率，还可以培养学生团结友好、相互帮助、爱护图书的可贵品质。同时，学生相互间的交往能力、自我管理能力也得到了有效锻炼。

第三节　课堂教学——科学教育主阵地

中小学科学课程对于未成年人科学素养的形成具有决定性作用。新课程改革倡导教学形式的多样化，要引导学生主动地学习，注重学生综合素质的提高，更好地促进学生的全面发展。课程标准在理念上明确提出以培养科学素养为宗旨，全面构建现代中小学科学课程体系；在内容设计上，强调科学课程与学生生活经验的相关性，注重以综合主题的形式规划课程；在教学导向上，突出"科学探究"的重要性，关注学生对周围世界的感受力。无论是从理念来看，还是从新课程的实施情况来看，新课程都继承并进一步发扬了我国历次中小学科学教育改革的成功经验，朝着科学教育的大众化、生活化、动态化、人性化迈出了一大步。

这就要求科学教师转变课堂教学观念，由原来的知识传授者转化为学生学习的促进者，由课堂的管理者转化为学生学习的引导者。作为科学教育的主阵地——课堂教学，要以探究学习为科学教学的主要形式，注重科学思维的训练和科学方法的获得，要善于创设丰富的教学情境，注重学生的亲身体验。

一、中小学科学教学内容的相关性

过去，我国的小学自然课与中学物理、化学、生物、地理等科学课程一直是相对独立的，导致小学阶段与中学阶段科学课程的学习不能很好地进行衔接。新课程改革把义务教育阶段的科学课程内容进行了统一规划，构建了一套以"生命世界""物质世界""地球与宇宙/空间科学"三大板块为核心的科学课程体系。

中小学科学在教学内容上有很大的相似之处，中学教学内容更是小学教学内容的不断加深和扩展。例如，在生命科学中生物与环境的内容，与之相关的章节有五年级上册第一单元"生物与环境（一）"，五年级下册第三单元"生物与环境（二）"，九年级下册第二章"生物与环境"；与物质科学中的空气有关的内容有三年级下册第二单元"空气"，八年级下册第二章"空气与生命"；与地球宇宙和空间科学有关的内容有五年级下册第四单元"地球的运动"，六年级下册第三单元"宇宙"，七年级上册第三章"地球与宇宙"等。

因此，科学教师要了解整个中小学的教材，以便对学生过去和将来的学习内容有通盘考虑，使教学体现出发展的观点。为了更好地把握中小学科学教学内容的衔接，在此提出以下建议。

1.给小学科学教师的建议

（1）教师要坚持探究的思想和方法，着重培养学生的科学思维，不能只把目光盯在具体的科学知识上。

（2）教师要尽量让学生亲身经历多种活动，让学生获得丰富直接的认识和感性经验，为学生的继续学习积累更多素材。

（3）教师要教给学生正确的科学知识和概念，在科学知识的学习中，不可犯知识性的错误，不可绝对化，要留有余地。

（4）教师要适当学习一些初中科学课堂教学中好的教学方法，如清晰的讲解、高效的演示等手段，留出充分的时间让学生完成课堂练习，帮助学生有效地掌握所学知识等。

2.给初中科学教师的建议

（1）注重继承小学阶段良好的学习传统。

小学阶段的科学课，探究活动多，注重学生思维的发展；初中阶段的科学课，讲授较多，学生自主探索学习的空间和时间被大大地压缩。要解决这个问题，科学教师需要解放观念，给学生更多的自主空间。

（2）保持学生的学习兴趣。

在课堂教学中我们发现，小学阶段的科学课堂，能给予学生充足的时间和空间，学生对学习非常感兴趣，学习的投入程度和思维的参与程度都相当深入；而初中阶段的科学课堂，学生尽管对实验很感兴趣，但是缺少自主的时间与空间，导致学生只能被动地跟着教师的节奏，快速地完成任务，大大削弱了学生的学习兴趣。

（3）努力处理好知识容量过大与开展探究活动的时间安排之间的矛盾。

教师应该关注探究活动和核心概念的构建，不要过多关注事实性的知识，要重点突出，让学生跳出纯知识传授的窠臼。

二、中小学科学教学存在的差异

中小学科学教学既有它的相关性，也有其差异性，这种差异主要表现在以下几个方面。

1.对学生要求上的差异

小学科学对学生的教学要求主要是定性的、描述性的，以体验为主；而初中科学对学生要求较多的是定量和分析，需要一定程度的逻辑思维。

2.对科学概念理解上的差异

小学生对科学概念的理解一般都是一种凭直觉和本能的理解，主要通过形象思维的方式认识和观察周围事物，对事物和现象的描述往往比较简单与直接，缺乏理性的思考和推理。初中生对科学的理解相对理性，在形象思维的基础上也能进行一些逻辑思考，除了能看到一些事物的表面现象外，还能进行一些粗浅的推理和类比。例如，对于影子的成因，小学生侧重于自己看到的具体画面，用线条来表示阴影；初中生则能够从亲身经历的画面中抽象出光线，并且能够从光线、物体两个角度去进行分析。

3. 教学方法上的差异

小学科学教师善于创设情境，教法活泼，步子小，引导多，课堂提问的难度较低，学生在课堂上容易获得成功感和满足感；初中的科学课堂教学密度比较大，比较注重思维的培养，对集中思维和发散思维的要求都更高，而教师在教学过程中留给学生的思维空间与时间又相对不足，部分学生在畏难情绪的影响下，学习兴趣会因此而降低。

中小学科学教学方法的差异，需要中小学教师积极地相互参与教学研究，了解小学和中学的教学方法，不断转换自己的教学策略。为此，中小学科学教师可以尝试以下一些有效做法。

（1）进行课堂观察。

课堂观察是课堂教学研究最基本的方法之一，为了提高课堂观察的效率，可以采取以下三项措施。

1）编制并使用课堂观察量表——包含学生探究态度和学生探究能力两大方面。

2）课堂观察要有分工、有协作，教师在课堂内要有侧重地进行观察记录，课后再汇总交流。

3）课后评价与自我反思相结合。

课堂观察是以熟悉对方学段的教学方法，指导自己学段的教学为主要目的，因而我们的观察应更多地指向自己的教学进行反思。例如，对方学段的教学目标、学生对该教学内容的理解、教师采用的教学方法与本学段有什么不同等。

（2）进行课堂互换。

为了更深刻地体会中小学科学教学的学生差异、教材差异、课堂差异，可以尝试让中小学教师走进对方学段的课堂，亲身体验双方学段教学的不同特点，这将为中小学教学的衔接积累宝贵的第一手材料。

（3）进行课例研究。

教学课例反映的是课堂教学活动从设计到实施的过程，是对课堂教学的本身进行改进、优化和提高的一种教研形式。选择中小学科学课中共同的教学内容作为案例主题（如浮力、摩擦力等），进行主题式课例研究是很有效的做法，围绕同一主题，中小学教师按照各自学段的教学实际设计教学方案，展示各自的课堂教学并进行研究探讨，对看似相同的教材内容，深入研究不同学段学生的具体学情、教学目标、教学方法和手段的相同与不同之处。

（4）进行网络教研。

由于受时间、空间等因素的限制，中小学教师的横向交流时间短、人数少。为了增加交流的机会，中小学科学教师可以借助科学网站、教育博客、中小学科学QQ群等，对中小学科学课堂教学的各种问题进行研究与探讨。

三、让科学课堂教学充满生命活力

让科学课堂教学充满生命活力，是科学教育实施素质教育的体现。只有教学内容、学生、教师三位一体，师生都互动起来，才能从根本上激活科学课堂，才能使科学课堂中的素质教育真正落到实处。

1. 呈现鲜活的教学内容，拓展科学课堂的空间

有调查显示：在学习中只"听"的效率为13%，只"看"的效率为18%，只"动口"的效率为32%，如果"耳、眼、口"并用，那么其效率为52%，如果加上"双手"不断自然地做动作（口中还说或喊叫学到的知识，并在内心里相信自己理解和掌握了相关的知识），那么效率可高达72%，而且不会感到劳累。因此，科学课堂不能机械地照本宣科，要从教学内容的加工上多下功夫，使教学内容生动、鲜活。在选择和设计教学内容时，教师要做到善于调整和重组教材，以教材为基本素材，对课本、教参等一些基本素材进行加工处理，充分挖掘创新的因素，补充创新的内容。

选择和设计的教学内容必须注重联系生活，可以适当补充一些生活中的小知识。例如，在讲解二氧化碳的性质时，根据它不能供给呼吸的特点，教师可以介绍一些野外洞穴探险的常识；在讲解二氧化碳的实验室制法时，教师可以让学生课外探究一下蛋壳的成分等。这样去激发学生的好奇心和求知欲，他们便会对科学充满兴趣，使学生的双手动起来，脑筋转起来，从而使教学内容变得生动、鲜活。

2. 让学生快活地学习，回归学生主体的地位

心理学研究表明，良好的心境能使人联想活跃、思维敏捷、激情勃发，浓郁的激情能充分调动智力因素，释放巨大的学习潜能，极大地激发创新敏感性。在课堂上，教师与学生是平等的交流者。教师要走到学生中去，多倾听学生的

意见和想法，与学生一起合作、交流，共建有利于个性发展的科学课堂教学氛围，使学生积极有效地获取新的知识和能力。

（1）建立平等、和谐、民主的学习氛围。

传统的课堂教学，往往是教师"一言堂"。新课程理念下，教师的角色发生了变化——由知识的灌输者转向人格的培育者，从单向的传递者转向对话的交往者。课堂上的交流与讨论，是互相倾听和充分展示自我的、充满民主的互动行为，教师与学生都是活动的共同参与者，是问题解决的合作伙伴。

交流与讨论的方法有多种，可以采用分小组讨论、同桌讨论、集体讨论等形式展开。教师在这里成了帮助学生发现问题、善于倾听、与学生辩论的角色，学生成为勇于发现问题、善于辩论、乐于表达的人。这样构建起来的平等、和谐和民主的交流环境，有利于师生、生生之间的感情和信息交流，形成既愉快又互动的学习氛围。

（2）建立互动、互助、轻松的课堂教学氛围。

以学生为主体并不是意味着事事、处处都要让学生去亲自发现，让学生在黑暗中摸索，白白耗费时间和精力，也不是意味着取消教师的主导作用。在课堂上，教师要做学生自主探究、讨论交流的组织者，学生释疑解难的点拨者，创设情境唤醒学生情感的开发者。教师越是导之有方，导之得法，学生的主体作用越能充分发挥，学生的学习就更加轻松快活了。

小学课堂一般注重以创设情境和活动为学生学习的载体，因而课堂教学十分活跃。随着学生年龄的增长和自我意识的增强，不会随心所欲地想说什么就说什么，越到高年级越是不愿意举手，到了中学更是如此。初中教师同样要选择灵活的教学方式活跃课堂教学氛围，以良好的师生关系、良好的协作意识促进情意共鸣与沟通、信息反馈畅通，营造出一种探索问题的最佳意境。要想让学生个个互动起来，教师在课前就要大量地研读挖掘，创设问题情境，激发矛盾冲突，让学生触景生情，联想类比，轻松学习。

（3）用诙谐的语言和渊博的知识吸引学生。

语言是最有利于表达情感的媒介。在科学课的课堂教学中，要使自己的教学语言丰富、精练、准确、逻辑性强、富有吸引力，做到抑扬顿挫、表达清晰、富有幽默感和感染力，这就要求科学教师自己要善于学习、善于钻研、有渊博的知识。通过自己丰富的知识，向学生描述一个又一个有趣的故事和事实（比如，一些科学家的故事，与生活相联的物理或生物事例，生活中的化学小魔术等），让学生感受到科学其实就在我们的身边，体会到学习科学不是简单枯燥地记忆公式、定理、定义、元素符号、化学式、物质分类等概念。只有这样，我们的课堂教学才能融科学性和趣味性于一体，吸引学生，使他们爱学、乐学。

3. 采用灵活的教学策略，增强教学效果

在科学课教学中，教师要采用灵活的教学策略，使学生主动学习、乐于学习、善于学习，对于增强教学效果，是十分必要的。

（1）知识量的增加与科学思维的拓宽。

1）注重循序渐进。

一方面，教学目标的设立要根据学生知识的逐渐积累和能力的不断提高而循序渐进；另一方面，每个年级的科学教学，都应在前一阶段的基础上，低起点、密台阶、小坡度，逐步扩展和加深。

2）注重阶梯过渡。

学生从小学到中学的思维特点，是从具体运算阶段的直观形象思维，过渡到形式运算阶段的抽象逻辑思维。小学科学教学用丰富多彩的亲历活动充实教学过程，初中科学教学则注重学生动手与动脑的结合和科学概念的准确掌握，学习是一个由感性向理性过渡的过程。

3）建立知识网络。

在教学中重视新旧知识的联系与区别，指导学生在掌握好基础知识的同时，找到知识间的内在联系，形成清晰的知识结构图表。

（2）实验技能的训练和科学方法的运用。

1）不断扩大学生实验的参与面。

由于各个地区的情况不同，教学设备设施的配备参差不齐，尤其是经济欠发达地区的配备严重不足，影响了小学科学课的规范开展。中学阶段，实验条件相对较好，因而在初中教学中应该尽量创造条件，让学生参与实验，同时规范实验的各项操作。

2）科学探究的学习方式。

新课程改革非常强调科学探究，不少的学校正积极推行，对于已经熟悉科学探究一般程序的小学生来说，继续这种学习方式是他们乐意的，也是有成效的。教师在教学中应关注学生的探究起点，把握好科学探究的扶与放。

3）适当地渗透科学的方法。

科学方法是决定科学研究成功与否的重要条件。在教学中，教师应该有意识地将学生小学阶段的活动体验上升为初中阶段的科学方法，常见的科学方法有控制变量法、整体法、隔离法、物理模型法、等效代替法、数理结合法、比值定义法、假设法、类比法等。

（3）科学兴趣的激发与科学精神的培养。

1）激发学习兴趣。

小学生对科学的直接兴趣往往只满足于新奇的现象，而缺乏持久、稳定的间接兴趣。教师可以在把握学生直接兴趣的基础上，借助各种手段不断强化学生的学习兴趣，以持久、稳定的兴趣推动学生深入地进行后续学习。

2）培养科学精神。

科学精神是科学素养的核心所在，科学精神表达的是一种坚持科学思想的勇气和不断探求真理的意识。我们要义不容辞地将培养学生的科学精神作为自己的教育职责，引导学生明白：看到的表象不一定就是真实的结论，科学探索的道路是艰难而曲折的，从而感悟到求真务实的科学精神。

教学有法，教无定法。科学课堂教学虽无定法，但仍需要讲究教学方法。在课堂上，教师的教和学生的学随时都处于变化之中，教师应密切注意各种反馈信息，一旦发现学生的认知结构与教材的知识能力结构不协调，就应及时调整自己的教学设计。一种教学方法是一把钥匙，我们在运用任何形式的教学方法时，都要做到灵活变通。科学教学的方法除了常规法外，还有实验法、图表法、数轴法、列表法等。教师在教学中要及时针对实际学情，化抽象为具体，化复杂为简单，化生疏为熟悉，灵活设计合适的知识梯度，运用恰当的、灵活多变的、推陈出新的教学方法，使学生在富有创造性的教学过程中感受到创新带来的学习乐趣。

激活科学课堂教学的方法有很多，只要我们努力去探索，正确把握教材的设计理念，灵活处理教材内容，精心设计教案，构建结构性材料，引领学生不断发现问题、提出问题，真正把学习的主动权还给学生，学生就一定会体会到科学学习的无穷乐趣，也会越来越喜欢科学课。

让我们的科学课堂教学充满青春的活力，让我们的学生遨游在科学的殿堂中！

第四节　科学教育在其他学科教学中的渗透

科学与社会生活息息相关，贯穿各个领域的方方面面，各门学科知识之间是相互联系、相互渗透的。因此，科学教育不能仅仅局限于科学课，还可以在其他学科教学中渗透，甚至在日常生活中进行。学校在抓好科学课堂教学这一主阵地的同时，还要充分重视和有效挖掘其他学科中的科学要素，利用其他学科教学有效地渗透进科学教育。

一、在学科教学中发掘科学因素

新课程改革以来，各门学科、各个版本的教材较过去都有较大改进，它们的一个共同点是注重在学科中呈现科学知识、科学方法、科学精神、科学故事等（其中有的是显性的、有的是潜在的），各学科教师在教学时，要有意识地挖掘，适时将科学教育渗透其中。比如，语文学科的各册教材中几乎都有丰富的科学教育资源，有描写自然景象的，有介绍科学知识的，有展示科技成果的，有宣传环境保护的，有颂扬科学家对事业执着追求的，有表现科学思维方法的，等等。这些内容的发掘，无疑是实施科学教育的一个极好途径，也是培养学生创新精神的宝贵资源。

又如，数学学科不仅是自然科学和技术、社会科学以及管理科学中必不可少的工具，也是人们日常生活中进行交流的一种科学语言。新的数学教材和课程标准在继承传统的基础上，更多地关注生活，关注思维培养，注重把科学教育的思想、内容、方法和手段渗透到日常数学教学之中，使数学课堂教学真正体现出科学的精神和技术的运用，以提高学生的科学素养。

思想品德、历史学科也是渗透科学教育的重要途径之一，无论在认知领域，还是在情感领域，抑或是在实践领域，都有着共同的目标，都不乏科学教育的内容。即使是音乐、美术、体育与健康等学科中，也蕴含有或多或少的科学教育因素。

为了充分挖掘各学科中的科学教育因素，学校需组织教师以学科教研组为单位，认真学习各科课程标准，仔细分析各科教材，查找并列出各单元教学中的科学教育因素，制成表格，以便教师在备课时充分考虑、合理寻找渗透切入点，从而在各科教学中更好地渗透科学教育。

二、在学科教学中渗透科学内容

在各学科教学中，充分挖掘、准确把握科学教育内涵，巧妙灵活地渗透科学教育，是很重要的。要以课题组研究为抓手，组织教师分学科、分系列、分层次整理，编制学科渗透科学教育的相关部分和内容，增强目的性、针对性和计划性。例如，教师在教《琥珀》这篇课文时，可组织学生观看琥珀形成的录像，同时对学生进行严密的科学思维教育；在教《蝙蝠与雷达》一文时，可列举许多仿生事例，使学生深入浅出地了解什么叫仿生科学，并悟出科学就在身边，科学要靠人们去发现、去创造。

另外，我们要重视各学科间科学教育内容的相互沟通。如科学教师和美术教师合作，组织学生创作叶贴画，科学教师指导学生采集识别植物叶片，美术教师指导学生利用叶片的天然形状组合成巧夺天工的图案，语文教师为它写歌词，音乐教师为这幅画谱曲。这样各科联合进行科学教育渗透，效果会更好。这样一个过程，本身也是科学探究、合作学习和创造性活动，对于培养师生严谨的科学态度和科学精神很有帮助。

三、在学科教学中引导科学兴趣

目前，各种版本的语文课、品德与社会课中，都有许多介绍科学知识的小品文，艺术教材中也以音像的形式渗入了一些自然现象等方面的科学知识。在这部分内容的教学中，教师可以顺应科学之"势"，帮助学生弄懂其中的科学原理。比如，在学习《奇妙的国际互联网》《宇宙生命之谜》《雾凇》等课文时，学生往往对其中的科学奥秘深感兴趣，特有好奇心，教师可因势利导，引导他们去阅读、探究，培养他们自觉观察自然奥秘、关注科技发展的良好习惯。美术教师在教学生画动物时，不仅要让学生知道动物的外形特征，而且要适当介绍动物的生活习性，如教画长颈鹿时，给学生介绍长颈鹿是现存陆地上最高的动物，主要分布于非洲撒哈拉沙漠以南地区，主要生活在稀树草原和森林边缘地带，学生既学习了画画，又能了解更多动物的知识，从而激发他们对大自然的热爱。

又如，六年级《品德与社会》中的《热爱科学，勤奋学习》一课，教师可从以下两个方面着手。

1. 认识方面

列举科学进步促进社会发展的实例，说明社会主义现代化建设离不开科学文化知识，从而勉励学生热爱科学，勤奋学习。

2. 行为方面

以教材中的人物行动为榜样，引导学生讲究学习方法，从图书馆、互联网等多种渠道获取信息，并能分辨是非，学会选择有益的信息，从而潜移默化地培养学生的科学精神和科学方法。

第五节　学校科技节与科技实践活动的开展

一、学校科技节的举办

多年来的实践表明，学校通过举办科技节，开展科技创新系列活动，是大力促进科学教育开展的很好抓手。对于培养中小学生爱科学、学科学、用科学的兴趣以及探究与创造精神，发掘科技创新人才，为他们将来走上科学研究的道路打下基础，是很有益的。举办一年一度的科技节，是学校十分重要的一项大型教育教学活动，应将其制度化、常规化、规范化。在科技节期间，科技活动的内容丰富多彩，活动方式多种多样，校园是创造的乐园、欢快的海洋，所以科技节通常是同学们一年当中最重要的节日之一。

学校如何办好科技节？以下几个方面是值得注意的。

1. 成立科技节组委会，做好组织保障

科技节组委会既是活动的策划者、组织者、领导者，又是活动开展过程中的监督者、调控者，是科技节顺利开展最有力的保障。组委会内部应有细致的分工。

（1）组长。

组长组织成员召开相关的会议，负责科技节所用资金的筹集，是活动开展过程中的总督导。

（2）副组长。

副组长组织成员制定活动方案，开展对各活动指导教师的相关培训，负责具体督导方案的落实情况及对活动效果的评估．

（3）组员．

有些组员为各年级的总负责人，有些组员为各活动的指导教师，具体负责学生的发动、报名与各活动的开展及相关安排。

（4）影像的摄制与成果展示板的制作成员，每项活动都要到场，负责活动过程中的图像、文字记载与阶段性成果的展示。

每个成员都有比较明确的分工，在活动过程中，不仅要把自己的工作负责到位，而且各成员间要相互协调、紧密合作。

2. 制定切实可行的活动方案

科技节各活动项目必须适合学生的年龄和心理特点，具有丰富多彩的内容和形式，能让学生在轻松愉快的氛围中自觉参与各项科技活动，并在参与中掌握科学知识，学会基本技能，发挥创造精神。为达到此目的，使科技节走进学生的心田，真正成为科技节的主人，在活动方案拟定的过程中一般经历以下三个步骤。

（1）学生自行筛选、确定项目。

"兴趣是最好的老师"，只有学生感兴趣的活动项目，他们才会以积极的态度参与进来，充分发挥其自觉性和主动性。所以，学校应从自身开展的有关科技的兴趣班和社区、学校的相关资源出发，策划参观科技馆、博物馆等，进行环境保护、动植物观察与调查研究，开展科技知识竞赛、放飞风筝、航模制作与比赛等活动项目。然后，学校发放调查表，让学生自由选择感兴趣的项目，根据学生的选择，最终拟定本方案中的项目。

（2）做好方案可行性的论证。

为使学生在各活动中真正享受到科学探究带来的无穷乐趣，避免出现"跑龙套""走过场"的现象，科技节组委会全体成员还应专门就"如何针对不同阶段、不同年龄的学生，将活动开展得有一定深度？"这一问题进行讨论，结合"做中学"的要求，力争使各活动体现由浅入深、由低到高、循序递进的"层次递进"原则，包括兴趣层次递进、知识层次递进、操作技能层次递进、创造能力层次递进，集大家的智慧完善活动方案。如将单一的"放飞风筝"活动拓展为包含"放飞风筝、制作风筝、研究风筝"三个子项目在内的系列活动。

（3）各项活动目标和规则的制定。

各项科技活动（包括子项目）的目标和规则在整个科技节中起着"指南针""导航标"的作用，它直接影响着活动的具体实施和活动效果。目标不能定得过高，也不能定得过低。过高，则显得不切实际，近于"浮夸"；过低，则将导致活动蜻蜓点水，浮于表面。

3.科技活动的计划

科技活动就是活动课，属于校本课程。制订科技活动计划，需要把握几项原则。

（1）主题突出，如生活中的节能减排探究活动，通过活动增强学生的环保意识。

（2）主体性原则，学生参与率要高，学生的活动项目要落实"三自"（自己选题、自己设计和研究、自己制作和撰写）和"三性"（科学性、新颖性、实用性）要求。

（3）活动内容丰富多彩，有特色，活动项目的设计是举行科技活动的关键，应集思广益设计出好的项目，此外如果安排竞赛项目，则先要制定竞赛规则，并预先公布，有的项目还要组织赛前培训。

（4）组织安排周到及安全原则，从人员、时间、场地、程序到经费预算都要考虑。

4.加强对师生的相关培训，确保活动顺利开展

（1）对指导教师进行项目培训。

科技辅导员需要博学多才，文理渗透，通晓百家，具有较高的专业技能和文化素养。为了保证各项科技活动的有效组织和顺利开展，需要对相关教师进行专门的培训，有以下两种方式。

1）互动式交流，主要针对开展各项活动的难点、组织形式、实施细则等问题交换各自的看法。

2）专题讲座，可以请专家、名师进行专题讲座，比如，"如何指导学生进行科技小论文的撰写、科技小发明的制作、科学幻想画的绘画"的讲座等。

（2）对学生进行有关技能的培训。

在科技节诸多活动中，一般都会有"让学生在科技小论文、科技制作、科学幻想画的成果得到展示"。为了进一步提升学生的作品展示水平，营造更好

的科学教育氛围，对学生进行相关技能的培训是很有必要的。如在对学生进行科技小论文写作指导时，针对学生在撰写过程中普遍存在的选题过大、研究内容重复过时、格式不符合要求、数据材料不足等问题，结合具体例子（优秀小论文）进行科学研究的一般方法和步骤、科技小论文的选题要求、实验数据记录的方法和要求、图表和照片等直观材料的积累、写作的格式等方面的指导，从而帮助学生提高科学研究的能力。

5. 捕捉活动中的闪光点，使活动获得"双丰收"

科技节既是向学生普及科学知识，培养学生科学实践操作能力，帮助学生掌握科学方法和研究能力，树立学生正确的科学观和科学品质的良好途径，也是检验学校科学教育成果的最佳契机，是学生展示智慧和科学创造才能的舞台。因此，在科技节期间，在各项科技活动的过程中，组织者应特别注意捕捉学生的每个闪光点。对于活动过程中学生提出的问题，应引导学生通过观察、调查、访问、实验、制作、查找资料等途径努力探究其奥秘，并指导学生采用科技小论文、科技制作、科学幻想画等方式将成果展示出来。"学起于思，思源于疑"，只要是源于学生的内在求知欲、探究精神、智慧火花、创造动力，教师就要及时发现，予以保护并积极鼓励。

当然，要使科技节活动取得圆满成功，还有很多影响因素，如活动的宣传报道（它既是对学生的一种激励，也是使活动在社会、学校、家长中产生良好反响的有效措施），开展科技活动方法（如制作法、交流法、观察法、创造法、竞赛法、游戏法）的合理运用，以及执行活动的激励措施等。只要高度重视、精心组织，以学生为主体，科技节就能越办越好，成为学生喜爱、期盼的学校大型传统教育项目，成为学生校园学习、生活的一部分。

二、科技实践活动的设计

科技实践活动是学生以小组、班级或学校、校外教育机构等组织名义，围绕某一主题在课外活动、研究性学习或社会实践活动中开展的具有一定教育目的和科普意义的综合性活动。

开展科技实践活动，应注意以下两点。

1. 选题明确

科技实践活动都有一个与活动目的密切相关的鲜明的活动主题，以及紧密围绕主题的活动形式，如宣传科学思想、传播科技知识、体验科学过程、启迪学生智慧、培养动手能力、推广有意义的活动等。

选题内容包括以下几个方面内容。

（1）围绕科学纪念日主题开展的专题科技实践活动。

围绕科学纪念日主题开展的专题科技实践活动具有广泛的群众性和社会性，有些活动还具有世界性，它的主题是全人类共同关心的课题，如3月12日植树节、6月5日世界环境日等。

每个纪念日，我们都可以根据当年的主题，组织学生进行相关知识的查阅，开展相关的研究。

（2）结合重大科学现象开展科技实践活动。

结合重大科学现象开展科技实践活动能够引起青少年极大的兴趣，如对重大天文现象组织讲座、观测、摄影、论文演讲等活动。这类活动适合学生群体性参与。

（3）结合实用技术、科学方法的传播开展科技实践主题活动。

活动内容的安排从本地区的经济、科技实际出发，向学生普及实用技术，开展生态环境调查等，使青少年从小关心家乡经济和社会发展。

（4）围绕热点问题开展科技实践活动。

根据一定时期的热点问题，确立活动主题，如奥运会、世博会、世界杯赛、科技博览会、探月工程、火山喷发、气候异常、近海赤潮、墨西哥湾原油污染等。开展系列科技活动，既培养学生的科学精神，又能使学生关心时事，关注发生在我们人类及这个星球上的大事件。

2. 完整的实施过程

完整的实施过程是指活动在实施时，有系统完整的活动计划、进度安排、组织方法、实施步骤和总结评价，活动过程清晰完整，有开头、发展、高潮、结局，记录每个阶段的活动情况、参与人员、活动生成问题、解决方式、收获体验等。

活动计划时间不宜太短，一般在三个月以上，特别是比较大型的实践活动，作为以课外活动为主的实践活动，短时间开展完成全部项目是不现实的。优秀活动应该具有过程的完整性。

（1）完整的原始资料。

原始资料包括活动计划、活动记录（时间、地点、内容、参加人、参加人数）、照片或录像、新闻报道材料等。根据学校条件，尽可能通过各种方式保存整理开展实践活动过程的各项实录资料，如活动过程照片、录像，必要的实物，学生笔记、论文等。参赛时使用独立的资料袋分类整理上报。原始资料要精选，要重视活动材料的记录和整理。

如果是要申报优秀活动奖，那么材料就要更加规范，因为评审委员不可能现场观摩所有的活动，更多的要通过申报材料感觉活动的存在及其效果。所以，申报材料的规范与否对评审很重要，而活动材料的及时记录和整理又是申报材料是否规范的前提。活动的组织者、指导者、辅导者既然花了极大的心血来策划、设计、组织、实施活动，那就应该再多花一点精力整理好活动的材料。

（2）确切的实施结果。

由活动负责人（或主要参与者）以文字的形式，将活动结果叙述清楚。文字应简练，可根据条件辅以必要的实物、照片、录像等。

（3）总结收获与体会。

总结包括青少年参加活动的体会、活动的宣传教育覆盖面、活动体现的社会效益、对今后有关工作的建议等。

科技实践活动实施完成以后应对整个过程写出一份完整详细的活动报告。

第六节　科学课校本课程的开发与使用

一、科学课校本教材的开发编写

科学课校本教材的编写，首先应有明确的编写思路。例如，确定课程目标、课程依据、课程简介、课程框架、课程目录单、课时内容、编写形式等。编写中应注意这样几个问题：活动内容的科学元素、学生活动的实践性、教师实施的操作性、图文并茂的相适性、版面体例的统一性、教材修订的动态性等。

怎样才能编写出适应本地或本校教育主旨、充分体现新课程理念、符合教育教学规律、深受师生欢迎的科技活动教材？相关课程及教材设计专家、一线教师经过实践探讨认为，应满足以下几项基本要求。

1.有明确的教材编写目的与编写的指导思想

（1）符合本地或本校的教育主旨。

课程应趋于活动化、弹性化。在时间上不仅仅局限于一节课，在空间上也应从教室延伸到课外，甚至延伸到家庭与社区，相应地，教学过程也应由教师单向传授转向强调学生的探究活动和亲身体验等。校本教材要能充分体现新课程理念，有助于学生的科学素养、创新精神与实践能力得到提高，从而受到师生欢迎。

（2）具有鲜明的时代特征。

科学课校本教材的编写要面向现代化、面向未来，体现新课程改革的理念和要求，坚持"以学生的发展为本"的原则，遵循学生身心发展规律，尊重青少年特殊的生活体验，拓展学生的认知领域和探索领域，为他们提供自主探索、想象和实践的空间，激发学生终身学习科学的愿望和主动探究的意识，发展学生的创新精神和实践能力。

2.科学课校本教材的特点

（1）科学性。

教材要引导学生关注现实生活中的自然问题以及这些问题对自然的影响，对地理生态、动物植物、宇宙空间、资源环境、工艺技术、科学创造等问题进行有选择的探究，让学生感受丰富多彩的自然现象，了解自然生态的发展规律，明确人与自然的关系，理解环境保护和可持续发展的意义，培养初步的科学精神、创新思维习惯，掌握初步的科学研究方法。

（2）新颖性。

教材应改变以传统学科科学知识为主线的科学目标，取之以科学知识、技能和科学方法、能力为基础，以科学精神、态度、价值为核心，以行为习惯为外显标志的综合主体的案例。

（3）前瞻性。

校本教材要始终把握时代脉搏和社会的动向，紧跟时代脚步，要进行反复的编写与更新。只有这样才能让校本教材具有鲜活的生命力。

（4）实用性。

教材要结合学生的生活实际经验，解决一些学生关心和感兴趣的问题，使方法、情感、态度与价值观等方面的基本要求，评价标准和实施要求与整个教育目标相适应，让绝大多数学生经过努力都能达到。

（5）实效性。

学生通过多种探究性的学习活动，既能获得相关科技创新的知识，科学思维得到拓展，又能初步掌握探求新知识的基本方法。同时，学生的观察能力、分析概括能力以及创新能力均能得到提高。

（6）可操作性。

教材应充分体现"学生是学习活动主体"的原则，便于教师把握好"激发学生探究兴趣、帮助学生探究、引导学生探究、指导学生探究"的主旨和要求，促使学生走向能"自主探究"的高层次学习之路。教师启用带有协作和竞争相结合的探究性学习活动方式，通过"辅"与"导"的多种手段，使学生的主体作用得到有效发挥，学生的参与意识、竞争意识、协作意识都能得到培养；同时，对于部分能力稍弱的学生，教师应给予适当的"点拨"与"帮助"，使学生共同进步。

（7）灵活性。

教材每册内容的呈现可设置多个模块。每个模块都可利用学生的生活经验和所学知识，集中研究一个专题。模块的设置是开放的、动态的，教师可以根据社会的发展和学生的需要不断增减。

（8）节约性。

就目前各学校的经费而言，要投入很大的经费为科技活动课程服务是不现实的。因此，教材涉及的材料要简单、低价、便于寻找。尽量采用价格低廉、简单的材料，甚至开发一些具有科学性、趣味性、启迪性、可操作性的教具和学具。

（9）亲和性。

教材实例可适当选取本省、本市科学家的成长经历及科学成就或当地部分青少年科学探索、科技创新以及研究性学习的最新成果，使教材的这一地方性特点对学生更具有亲和力。

（10）趣味性。

校本教材的内容安排上不仅要符合学生的认知规律，具有趣味性，而且每节课都应给学生留有足够的拓展、探究、创新的空间和时间，能使学生在"亲力亲为"的实践活动中获得成功的体验与满足，获得成长的向往与快乐。

3. 配合国家《科学》教材编写校本教材

国家《科学》教材是从义务教育阶段的 3 年级到 9 年级，共 14 册，每册教材内容分为多个模块呈现，如科学实验、科技制作、科学思维、课题研究、创新实践、科技视野等。每个模块安排2~3节课，每册书安排15~16节课。

科学课校本课程作为国家课程的重要补充，在编写校本教材时，可以配合国家《科学》教材中各个模块进行，并注意应贴近学生生活、符合学生认知规律。内容具体安排如下。

（1）科学实验模块。

科学实验模块可选取发生在学生身边有趣的自然现象，通过实验进行探究，使学生获得对该现象产生原因的理解，并能初步解释与之有关的其他自然现象。每个实验可按"实验导语""实验用品""实验方法""课后探索"的体例编写。

1）"实验导语"部分是每节课的开篇语，通过介绍或描述某种自然现象提出进行实验探究的问题。

2）"实验用品"部分详细介绍做实验需要准备的各种设备和材料。

3）"实验方法"部分要求学生按提示的要求和步骤独立进行实验。

4）"课后探索"部分是指就实验中产生的某些现象，通过精心设计的问题启发学生去思考，帮助学生获得正确的实验认识或实验结论，同时，它还包括学生认识的拓展部分，既有对已做实验的科学解释，又有与之相关的科学史料、科技应用成果的简要介绍等。

（2）科技制作模块。

科技制作模块的内容应取材于学生的生活经验，并渗透一定的科学原理，可操作性强。每个制作内容可按"准备""制作""总结交流""课后拓展"的体例编写。

1）"准备"部分提出制作活动需要的材料与工具，一般利用身边的废旧物品或生活中常见的材料进行制作，取材简单，有利于实施教学，并且能够增强学生的环保意识，有效地培养学生勤俭节约的优良品德。

2）"制作"部分即制作过程。它应严格按照步骤陈述制作的方法和过程，图文并茂，浅显易懂。有的在"制作"活动之前还可安排相应的"预备"活动，主要向学生介绍制作的基本原理或制作技法等，给学生的思维与动手搭一个阶梯。制作完成后，对制成的作品进行调试，学生在合适的场地（室内或室外）调整自己的作品，使之能运动、发声、发光等。通过这样的展示，学生能获得成功的体验。

3）"总结交流"部分是为帮助学生分享成果、自主探究、理解一些深层的科学问题，了解一些复杂的科学原理而设计的一个环节。

4）"课后拓展"部分主要是鼓励学生对一些作品进行改进，如设计的思路、制作的技法、部分性能等，更大程度地发挥学生的创造才能，同时又将制作活动延伸到课外，不让科技制作活动随着下课铃声的响起而结束。

（3）科学思维模块。

科学思维模块主要是适用于 7~9 年级，教材编写可根据这个年龄段学生身心发展的特点与规律，将"想象""联想""发散""类比""逆向思维""逻辑思维"等内容按思维的层次分散安排在 3 个年级之中，逐层递进，不断深化。

素材选取时应尽可能地贴近学生的认知水平，在内容的选择上，应在把握基本要求的同时又要具有弹性，以适应不同程度学生的需要。在活动的展开过程中，努力创设学生独立思考的机会，适当安排探索性和开放性问题，发挥学生的主动性，给学生留有较多的时间与空间。

每节课的活动内容可通过"实例""想一想""议一议""试一试""想想练练"的体例方式呈现。

1）"实例"部分可安排一些相关的阅读材料。材料应涉及发明与创造的史料、历史故事、科学史中的趣事、数学趣题等。旨在突出活动主题，激发学生兴趣，引出讨论和思考的问题。

2）"想一想"部分主要是鼓励学生积极思考并提出一些相关的、有价值的问题。

3）"议一议"部分主要是让学生相互讨论交流，提高其合作学习的意识与能力。

4）"试一试"部分可安排与内容相符的训练题，供学生在课堂内练习的需要。

5）"想想练练"部分主要是安排一些与该节课主题相关的思维培养的内容实例，让学生在课后进行思考、训练或探索，使其相应的科学思维方式、技巧得以掌握与巩固。

（4）课题研究模块。

课题研究模块每节课的内容可按"背景资料""研究目的""研究方法与过

程"“研究结论"“我们建议"“参考课题"“参考网址"的体例编写。

1）“背景资料"部分应提出一些适合于学生研究的内容，给学生的研究活动提供参考资料，并指明选题的方向。

2）“研究目的"部分应针对学生的知识经验，结合适宜涉及的范围等确定明确的研究目的，以减少学生研究的盲目性。

3）“研究方法与过程"部分应结合“研究的内容、目的"等，介绍一些常用的研究方法、技术手段及必须经过的步骤等。

4）“研究结论"部分主要结合学生年龄特点以及研究的过程，让学生获得一个基本成功的体验。

5）“我们建议"部分主要是让学生经过研究后，学会提出一些合理化的建议。

6）“参考课题"部分主要是为学生提供一些新的、难度稍大一点的课题，让学生在进一步的研究中不断提高学习能力。

7）“参考网址"部分主要是便于学生在调查时收集、归纳、整理资料，并在归纳、整理的基础上产生新的研究问题；同时鼓励学生结合调查的经历参与工具的设计、设施的改造，把创新意识与方法融合到学生学习和生活的各个环节中。

（5）创新实践模块。

创新实践模块可涉及多种创新实践的内容，如科幻画创作实践、科幻故事创作实践、科学哲理诗创作实践、科技论文撰写实践、发明创造实践等。因此，该模块每节课的教材内容呈现体例也不必要求完全一样，但大致可包括如下部分，如“实例"“想一想"“关键点提示"“议一议"“试一试"“做一做"“评一评"“比一比"“想想练练"等。

“实例"部分可以为学生提供相关可探究的感知材料。通过“想一想"部分提出的问题，让学生自己找出规律。“关键点提示"在于给学生一个较为准确的概念。“议一议"“试一试"“做一做"部分在于让学生亲历实践，获得成功。“评一评"“比一比"部分在于让学生相互交流，取长补短，共同进步。“想想练练"部分主要是要引导学生向课外拓展、乐于动手实践，让他们在不断地创新实践中，使自己的创新意识、创新精神、创新能力得以巩固与提高。

（6）科技视野模块。

科技视野模块每节课的教材内容可按照“科技前沿"“讨论交流"“科学预测"“科技追踪"的体例编写。

1）"科技前沿"部分可用通俗易懂、形象生动的语言介绍当今世界的前沿科技成果和科技发展动态，概述相应技术或者产品的应用领域以及相关背景资料。

2）"讨论交流"部分着重引导学生就世界科技发展的有关问题展开讨论，交流各自对问题的看法，培养学生的问题意识。

3）"科学预测"部分让学生根据前沿科技发展动态，对未来科技的发展大胆进行预测。

4）"科技追踪"部分在于，通过引导学生不断地追踪前沿科技发展动态，鼓励学生动手、动脑，自己收集相关资料，参与相关前沿科技发展的设想，甚至通过一些实验，用自己的方法参与一些浅显的研究，使学生在近距离感受高科技的同时关注科技的发展，而更重要的是引发学生从小参加科学研究的兴趣和信心，培养学生的信息收集、处理能力和科学探索精神。

总之，科学课校本教材的编写，是一项科学、严谨、富有创造性的工作。只有把握其核心要素，充分发挥我们的聪明才智，进行科学规划、系统安排和整体设计，才能编写出具有鲜明时代特征、符合本校教育主旨，并深受师生欢迎的校本课程优秀教材。同时，科学课校本课程的开发与利用，是一个长期的过程，要花费教师大量的精力和艰苦劳动，并随着时代的发展、变化和教学改革而不断更新。

二、科学课校本课程的具体实施与使用

（一）目标体系化

在开发科学课校本课程前，教师必须有课程意识，结合本次课程改革要求，体现科学学科特点，以学校教学资源为基础，和教师特长发展相联系，编写与学生个性发展相匹配的课程标准。在制定教学标准时，教师要找准教学坐标，兼顾各学段学生特点，瞻前顾后，建立梯度教学目标体系；着眼整体，加强教学内容的整合，形成项目教学研究。

1.找准坐标，瞻前顾后，建立梯度目标体系

教师在编制学校科学课校本课程时要综合学校资源，结合各学段学生科学学习特点，设置学校科学校本课程的总目标。在此基础上根据学段学生特点，制定相对应的子目标，并开发与之相应的科学学习内容，满足不同年龄特点学生的学习要求。目标要精准，统筹规划，建立有梯度的目标体系。

2. 着眼整体，加强整合，形成项目教学研究

教师在应用校本课程过程中要整体考虑，在结合现有学习教材的基础上，加强整合，以项目形式加以拓展。例如，在学习了《植物》单元后，教师可以结合教材开发与"我校的植物"相匹配的项目课程；结合学校科技特色，设置应用技术课程，开设各类科技项目课程，如"制作植物标本"；结合教师兴趣特长，开发与之相对应的特色项目课程，如趣味实验项目课程、标本制作课程、种植课程等，以项目呈现开展教学研究。

（二）内容项目化

科学课校本课程，以教材内容拓展、科技项目拓展、趣味实验拓展等为内容。教材内容依托粤教版教材内容，在教材基础上结合相应资源开发相对应的探究项目，不同年段有不同项目；科技项目根据近年来开展的系列科技活动和开发教师的特长设置拓展项目；趣味实验项目致力于培养学生的科学兴趣，以激活学生内在需求为目标。

1. 以教材内容为项目实施拓展

结合教科版教材，根据不同年级的不同内容，加以梳理，以项目形式进行整合开发，梳理出相关拓展内容。

2. 以科技内容为项目实施拓展

科技项目课程的开发，结合教师的才能，分门别类开设各种课程，课程分为长期课程和短期课程，分别由教师根据内容编写出具有一定可操作性的课程，供教学使用。科技类课程由各科技辅导教师在全校通过招募方式选取，根据比赛活动相关要求，定期进行课程的教学活动。

3. 以趣味实验为项目实施拓展

趣味科学实验是以"动手做科学"为指导核心，专门针对动手能力不强，且缺乏动手操作的条件和机会以及热爱科学的学生量身打造的。科学实验与游戏对学生的认知和脑力发展具有重要意义，让他们在具体操作的同时不仅习得经验，还能加速刺激脑部各个区块的发育。在科学课校本课程中植入趣味实验应该意义非凡。教师在课程开发时，可以根据各年段学生特点，选择一些适宜该学段学生的趣味实验进行教学，如五六年级学习了《光》之后可以开展"对3D立体投影的探究"等校本课程，学习了《植物的后代》单元后可以开展"种植小番茄""种子的发芽速度研究"等探究实验。

第九章　科学教育——社区行动

普及科学知识，传播先进思想和文化，有计划地开展社区科普工作，使人们的身心健康得到全面发展，生活质量不断提高，是构建和谐社会的重要组成部分。本章将对科学教育在社区方面的行动进行论述。

第一节　家庭科学教育的开展

家庭是社会的细胞，也是社区的基础。社区的存在是以家庭为基础的，否则，社区就只能是抽象意义上的空洞概念。同样，家庭也离不开社区，不然，家庭就是孤立的个体，家庭依托社区将亲情与邻里情、伙伴情、乡亲情相结合，互补共鸣，影响着人的思想感情。因此，家庭与社区的紧密关联性，决定了我们在讨论科学教育的社区行动时，自然要先谈谈家庭科学教育的开展。

一、家庭在培养孩子科学素养中的作用

家庭既是人生的起点，又是人生的中继站，也是人生的归宿。可以说，家庭生活的全时空性和家庭教育对一个人的人生影响，是全面的、持久的、终生的，无论怎样评价都不过分。

青少年除了学校外，家庭是他们生活时间最长的地方。对于每个人来说，家庭是人生的第一所学校，父母是人生的第一任老师。家庭环境和父母的教育理念、态度与方式方法，对于青少年的成长和教育来说，都是至关重要的。青少年在学校进行科学课程的学习，具有开放性，面向他们整个生活世界，许多科学探究活动必须在家里完成。因此，必须高度重视家庭科学教育的开展。

从小受到家庭的熏陶和教育影响，后来成长为科学巨匠的事例，不胜枚举。

麦克斯韦小的时候，有一次父亲叫他画静物写生，画的对象是插满秋菊的花瓶。等到麦克斯韦交卷的时候，父亲边看边笑了起来，因为满纸涂的都是几何图形：花瓶是梯形，菊花成了大大小小的圆圈，还有一些三角形，大概是表示叶子。细心的父亲立即发现小麦克斯韦对数学特别敏感，因为在孩子的眼中，许多事物的形象都变成了几何图形。于是，父亲教他几何学，又教他代数。后来，他终于成为伟大的理论物理学家。

爱因斯坦5岁的时候，有一次父亲给他看一个袖珍指南针，他发现不管小盒子怎么转动，里面的针却永远指向同一方向。这件小事使他留下了深刻的印象。他开始感到在事物后面隐藏着深奥的道理，从而对科学产生了兴趣。

达尔文的父亲是一位医生。小达尔文的儿童、少年时代，父亲尽情地放纵并鼓励他整天在自然的环境里玩耍，正是在大自然中他认识了各种各样的昆虫，由此对小虫子产生了浓厚的研究兴趣。后来，这种兴趣变成了他的执着追求，并最终引导他成为一个伟大的生物学家。

二、家庭中的科学教育资源

家庭中的科学教育资源是学校科学课程资源的补充和扩展。能否有效地开发和利用这类资源，在很大程度上影响着青少年科学素养的提升。过去，无论是学校教育还是家庭教育，都忽略家庭课程资源的开发利用。我们应当改变这种状况，积极和家长沟通、协调，充分利用这方面的科学教育资源。

家庭里存在着丰富的、各种形式的科学教育资源。一般来说，这些资源包括家庭饲养与种植的动植物、家庭科技藏书、家庭住房面积、家具、物品陈设电器，居室的空气、光线、温度，每天的洗脸、刷牙、吃饭、喝水……都包含着科学资源，适合学生科学探究。教师和家长应当启发与引导孩子在自己家庭中观察、发现、思考。

也许，有的父母会说，我又不是科技工作者，自己都不懂科学是怎么回事，还奢谈什么对孩子的科学教育。其实，这是将科学教育神秘化的缘故。

家庭科学教育是和身边的现实生活连在一起的。父母应有意识地带领小孩认识天气和季节的变化——知道有晴天、阴天、雨天刮风、下雪，知道春夏秋冬以及一年四季与人的生活和生物生长的关系；认识常见的蔬菜瓜果、花草树木等各种植物，知道它们的名称、特征、用途，观察它们的生长过程，并参与力所能及的种植、栽培与管理，了解简单的知识；认识常见的动物，如家畜、家禽、鸟类、昆虫和野兽等，能正确地说出它们的名称、外形特征、习性、用途；认识日常生活中水、冰、水蒸气的变化情况与作用，知道声、光、电、热、磁等浅近的科学常识。所有这些，都不需要家长有专门的科学训练。

三、家庭科学教育的人文环境

创造良好的家庭人文环境，是保证家庭科学教育有效开展的重要因素。它能够促进孩子树立科学理想和抱负、积极进取、增强自信心，在轻松、愉快的氛围中努力学习，使孩子身心健康并促进包括科学素养在内的各方面全面发展。因此，作为家长，要在此方面下足功夫。

（一）营造良好的家庭阅读环境

营造良好的家庭阅读环境直接影响孩子的学习兴趣、学习习惯与学习能力。一方面，家长要多为孩子买书，丰富家庭的科普读物，关注科技资讯信息，引导孩子建立自己的小小图书馆并提高其利用率，引导孩子按内容分类整理图书、自制简易卡片登记图书、使用书签标记喜爱的阅读章节、养成良好阅读习惯等；另一方面，家长要和孩子一起读书（特别是幼儿和小学阶段），并且，鼓励孩子读后大胆提出各种各样的问题，最好和孩子一起讨论书中的问题，或把书中的问题带到户外活动中去，在观察中验证问题或重新发现问题，有目的、有计划地培养和训练孩子的观察力、想象力。

有不少的家长重视在幼儿阶段给孩子买书，如《幼儿智力训练大全》《十万个为什么》《智力拼图》《恐龙世界》《动物百科》等，但是，到了小学后就很少甚至基本不买科学类书了。还有的家长自己不买书也不读书，只是一般性地要求孩子读书，这就很难让孩子喜欢读书，热爱科学了。

（二）建立良好的家庭亲子关系

建立良好的家庭亲子关系涉及父母的教育理念、教育态度与教育方式。父母与孩子之间是民主、平等、相互尊重的关系，这既能增进父母与孩子的亲子关系，有利于孩子自信心的培养和良好性格的形成，又能在宽松、和谐愉快的家庭环境中最大限度地激发孩子学习的热情，发挥孩子的潜能和创造力，为其全面发展营造良好的空间氛围。但是，目前有相当多的父母很难用民主、平等的态度对待孩子，不太注意尊重孩子的独立人格和兴趣爱好，要么过度溺爱，处处包办代替，造成孩子依赖性强，自理、自立能力差；要么期望值过高，给予孩子过多的压力，强迫他不停地学这学那，剥夺了孩子自由生存、发展的空间，成为实现父母理想的"工具"和"机器"；要么对孩子过于严厉，以成人的标准要求孩子，动辄苛责和打骂，给孩子造成了不必要的紧张和压力，失去了探索和进取的动力。

（三）父母尽可能积极参与孩子的探索活动

在父母尽可能积极参与孩子的探索活动过程中，一方面，父母要给予孩子热情支持与鼓励，保护孩子的好奇心和探究欲，关注、关心孩子在家里进行的家庭饲养动物与种植植物等简单的科学探究、科技小制作等活动。但是，父母要注意让孩子成为探索活动的主角，不宜过多地把自己的意愿强加于孩子，而是通过平等交流，帮助、引导孩子，培养其自主性、自信心和对科学的积极情感。

另一方面，父母本身的人格修养和科学素养都对孩子的科学教育有重大影响，这就要求父母注重科学知识和经验的学习，最好能比较熟练地运用各种科学技能和方法（如观察、测量、实验等），并对科学有浓厚的兴趣，有旺盛的好奇心和求知欲，把自己的科学知识和经验、积极的科学情感与态度传递给孩子，引导孩子，由浅入深，从直观到抽象，从感性认识到理性认识，循序渐进，不断进行科学实践。这对于培养孩子学科学、爱科学有极为重要的作用。

另外，家庭成员之间互敬互爱、和睦相处的和谐气氛也是值得重视的。

四、家庭科学教育的物质环境

在家庭中，父母应尽可能为孩子提供充分的物质材料和设备，这是孩子进行科学探索活动的必备条件，它能激发孩子对科学的兴趣，培养孩子的操作技能，帮助孩子获取大量的科学经验。实践证明，孩子接触的物质环境越丰富，就越能得到广泛的科学经验，科学教育就越成功。但是，并不是要家长购置价格昂贵的设备和材料，而是因地制宜、因陋就简地从以下几个方面着手。

（一）为孩子添置一些必备的材料和工具，如放大镜、望远镜、磁铁、小锤子、小铲子等。

（二）充分利用家庭现有的玩具、材料和设备，如水桶、脸盆、积木、玻璃球、钢珠以及厨房里的各种食品、调料等。

（三）利用废物，如各种饮料瓶、罐，各种纸盒、包装纸、塑料泡沫、牙膏皮、碎纸片等。

（四）为孩子提供一些种植、饲养的条件和设施，如开辟一个自然角，养几盆花草、几条金鱼或蝌蚪等。

（五）帮助孩子建立"家庭实验室"。这并不是指严格意义上的科研机构和学校的实验室，而是一个供孩子"玩"的场地。在家庭的阳台或房间开辟一个角落，让孩子收集一些感兴趣的废旧材料和瓶瓶罐罐，购置一张简易的桌子和简单的仪器即可。

需要注意的是，物质材料应不断补充、更新，并和幼儿园、学校的科学教育相结合，使家庭科学教育成为幼儿园科学教育的延伸和发展。父母不应拒绝孩子自己收集物品，应允许孩子把野外玩耍时捡来的贝壳石子、落叶、草籽、小昆虫等带回家，做成标本，分类保存。

第二节　社区科学教育的意义和作用

为落实《全民科学素质行动规划纲要（2021—2035年）》精神，近年来，在一些城市的社区纷纷开展了科普宣传和教育活动。一些学校也和社区建立了紧密联系，充分利用社区科学教育资源，拓展了学生科学教育的渠道，完善了学校、家庭和社区结合的科学教育网络，增强了科学教育的实效，更好地提升了学生的科学素养。

一、社区开展科学教育的意义

社区开展科学教育，有其现实必要性。第一，社区的社会地位决定了必须开展科学教育。社区是城市经济和社会生活的基本单位，社区建设是现代化城市建设的基础。一个社区就是一个规模不等的具体的小社会，是整个大社会在不同程度上的缩影。社会的一切活动都是在一个个具体的社区里进行的。随着社会的进步、科技的发展、人民物质生活水平的提高，对科学文化的需求日益迫切。科学教学应以社区为依托，建设学习型社会，不断发展和完善科学教育体系，提高社区居民的科学素养，从而促进社会的持续发展。

第二，社区居民的思想意识和科学素养亟待提升，需要加强科学教育。在一些社区，居民不崇尚科学，而是相信封建迷信的情况时有发生。例如，有的人患病不到正规医院治疗，而是对散落街头的各种广告吹嘘的"家传秘方""药到病除"等盲目相信、不加甄别，结果被江湖骗子所骗，花了不少冤枉钱，不但病没治好，反而耽误了救治时间；有的人家庭遇到意外事故，不去寻找正确的解决办法，而是迷信思想作祟，相信算命问卦，结果使事情越来越糟糕；有的人反科学、不健康的生活方式比比皆是，对"打鸡血""伪气功""红茶菌""水变油""星座命运""特异功能"等伪科学的东西深信不疑。

二、社区的科学教育资源

在我国，各大中城市的大大小小社区不计其数。毋庸讳言，不同的社区，在人员构成、环境设施、管理水平等方面千差万别，有的社区各方面的条件相对较差，有的则相对较好。从总体上来说，社区具有较为丰富的科学教育资源，开发和利用社区科学教育资源优势，既对社区居民科学素养的提升很有帮助，又能够对青少年学生的科学教育起到进一步拓展的作用。社区的科学教育资源主要有：科技工作者、教育工作者、工厂、科技实验基地、植物园、动物园、图书馆、科技馆、博物馆、少年宫、垃圾处理厂、商店、超市、体育场、游乐场以及各类建筑物、交通工具等。例如，商店或超市中的每个物品都能为我们提供系列化探究的课题：这个物品的功能，组成部分或构成成分、加工过程，材料和生产地，价格的确定、原理、发展和变化历程，它对人、社会、自然有什么利弊，等等。

特别值得一提的是，在社区人群中，有一些从科教文卫系统退休下来的人员，他们仍有很强烈的进取心，心怀发挥余热的愿望。把他们组织起来，既能为社区的科学教育贡献自己的知识和智慧，也能为自己谱写一曲夕阳红之歌。

教育即生活，生活即教育。生活，是我们对学生进行科学教育的第二课堂。社区是居民参与社区活动、相互沟通交流的重要场所，同时也是进行科学普及的一个理想平台。

三、社区对学校科学教育的作用

过去，学校教育是相对封闭的，学校与社区、社会的联系较少，不太重视社区资源的利用，主要表现为以下几个方面。

一是有的家长认为，课外活动在学生的整个学习体系中不重要，课外活动会影响应试课程的学习，以各种各样的"额外作业"剥夺了孩子的课余时间，中小学生缺少充足的社区活动时间。

二是学校资源与社区资源整合不够，缺乏沟通平台，未能实现共享。一方面，不少社区丰富的物质资源、人力资源、文化资源闲置，而学生的强烈需求得不到满足；另一方面，社区里一些不利于青少年成长的因素得不到有效管理，如网吧、卡拉 OK 厅等。

新课程背景下的学校教育强调学校教育的开放性，与社区教育紧密结合，将社区作为学生生活教育实践的重要场所，是一种必然的选择。其实，社区的生活环境本身就是对学校教育缺失的良好补充，是提供学生走向社会、学会与各种人相处、认识乡土风情的重要课堂。

（一）社区对学校科学教育的功能不少。社区可以为学校提供教学的相关资源，如图书馆、企业、体育中心、青少年活动中心、商业中心等各类教育实践基地。为了增进教学效果，社区内的机构可以为学校提供实际参访或相关资料的服务；来自各行各业的家长或社区居民，可以为学校提供相关科技咨询。

（二）社区为学校提供教育反思与修正的机会。社区在实际生活中反映出来的问题，不论是生态、环保、卫生、健康、终身学习等，还是当地积习的观念与生活习惯，都会像一面镜子一样，反映出过去学校教育的结果，并提供当前教育借鉴和反省的机会，作为强化教学重点或修正教育行为的依据。

（三）社区为学生提供体验人生的机会。社区丰富的资源，是活生生的校外活动大课堂。学生走出校门，走进社区，参与社会生活，从中体验、感悟和思考，是学生生命历程的记录，这是学校科学教育的新拓展。在孩子的眼里，沙石、泥土、流水，像是具有魔力似的，总是吸引孩子好奇的目光，他们还要用手去捏一捏。通过接触、体验校外活动，孩子将会体会到大自然的奥秘。

新型的健身设施、图文并茂的科普知识栏，让居民在休闲娱乐的同时，体验节能环保。小学三年级学生小莹最喜欢这块小天地，她每天做完作业，拉着爸爸、妈妈在这里快乐玩耍。小莹说："我们全家在这里玩，家里的灯光、电视就不用开了，我认为这就是节能环保。"

还有的社区，办起了科普网站。家长博客、学生博客红红火火地开起来，以"科学"为主题"开博"，以文字、多媒体等方式，将科学教育的文章上传发表，学生以此作为和同学、朋友、教师交流的窗口。展示个性是博客精彩的原动力，学生的博客越来越个性化，他们不停地换上心爱的背景图片，使用喜欢的字体、颜色，增添动感的特效密码。

社区的科普教育，贴近生活、生动实用，给孩子开展科学探究提供了广阔空间。

第三节 社区科学教育的开展

为了充分地利用社区和社会的科普教育资源，拓宽学校开展科学教育的渠道，提升学生探究性学习的能力，贯彻科学面向大众、面向未来的科技发展方针，需要我们在工作实践中积极探索社区与学校共管、区域联动的科普教育模式，为青少年健康成长营造良好的社会环境。

开展科学教育，充分利用社区科学教育资源优势，依靠社会力量通过多渠道，采取多种方式开展学校科学教育活动，对解决场地器材、经费等问题，是一个很有效的途径。

一、社会机构为科学教育服务

（一）充分利用各种科研机构、展馆和基地

所有的科研机构、科技展馆、博物馆、纪念馆、文化古迹、植物园、古生物研究所展览室、地质学校矿石展览室、农科所，还有海底世界等，这些场所都储存着大量的科技信息，是中小学生获取科学知识、培养各种能力的重要阵地，充分利用这些科学教育环境，带领学生"走出去"参观、访问，进行相应的科技活动，开阔视野，参加实践，获取大量的科学知识，这可以解决校园内科技活动场地不足的困难。

一些中小学校努力开发利用社会上的科技阵地，将市区的德育、科技展览馆和公园列为本校的校外活动基地。各学校充分利用各级科普基地，按年级排列成表，利用春、秋社会实践活动时间，进行参观游览。低年级一般以游览公园，培养热爱大自然、热爱祖国的情感为主；中高年级以参观德育基地、科技场馆为主。在海洋馆，同学们看到各种动物化石，认识了古代生物；在农科所植物园里，各种热带、亚热带植物让同学们大开眼界；在珠海机场航空航天展览馆里，各种航天器使同学们流连忘返。

学校可通过"签约"的形式与社区开展科技共建工作。每个社区都会凝聚

不少的团体、单位。学校可以与社区街道合作，与这些单位签订科学教育共建协议，建立长期的合作关系。与"珠海农科中心"签约，就如开启了一扇无穷知识宝库的大门。农科所可以推荐"太空育种技术""微生物""物候学""生物基因""植物克隆技术"等方面的专家来学校引领学生研究小组进行系列探究活动，同时，学校还能建立辅导和联系机制，通过电子邮件的方式互通信息，为学生研究性学习提供准确、及时的指导。在与科学家的交往中，同学们还能被严谨的科学精神所打动。农科中心为研究"奇妙植物"的同学提供了实物和模型。农科中心的大门对"签约"学生敞开着，学生可以自由参观学习。

（二）社区内科普环境的改进

社区可以改进科普环境，开展各种科普活动，宣传科普知识。比如，建立"科普互动体验园"，为社区居民提供了图案直观、有趣的科普知识宣传，让科普知识深入民心。在小区设置科普长廊、旧衣回收柜，楼道设置"共创节能，环保社区"，"垃圾带下楼，健康跟我走"，"居民防火安全公约"等挂图，提醒社区居民处处讲环保节能。辖区的小学与小区仅一条马路相隔，学生随时随地就能去小区参观学习。

（三）争取器材设备或资金的赞助

各中小学开展科学教育，需要必要的器材和资金，这也可以通过发掘社区力量来解决。现在，科学技术迅速发展，科研器材设备更新淘汰的速度加快。有些设备、器材在科研单位看来，已经落后、过时了，需要更新。但对于学生来说，还是很"先进"的，还可以发挥它们的"余热"。相关部门可以牵线搭桥，将这些设备、器材落户到青少年宫，既帮助青少年宫缓解了经费短缺、购置设备的困难，又使一批"被淘汰"的设备能继续发挥作用，为中小学生参加科技实践、动手动脑提供了有利条件。

二、积极开展社区科学教育活动

（一）构筑社区科学教育活动平台

1.建设科普长廊，开展科普宣传活动

社区通过建设科普画廊，以图文并茂的科普画廊开展经常性的科普宣传，让居民在潜移默化中接受科学知识，在日积月累中增强科学观念，实现科普宣传的社会化、群众化和经常化。

社区成立科普工作领导小组，健全和完善科普各项工作机制，做到年头有计划，年尾有总结，活动有创新，工作有特色，积极探索社区科普发展新路子，设置科普图书室、科普长廊、科普知识宣传栏、科普挂图、节约知识宣传手册、节能环保共乐园等，积极营造科普知识的宣传氛围。在社区范围内广泛宣传科普知识，进一步完善科普服务体系和科普基础设施，促进科普知识进一步普及，提高知晓知会率，为创建省级科普示范社区打下了坚实的基础。

2.打造科普示范楼，发挥示范作用

社区要打造科普示范楼，将科普活动向纵深发展，向楼院延伸。打造科普示范楼，可以在楼院的走廊、电梯间等一切能够利用的空间内，布置家庭日常生活中的科普常识、实用技能知识等，营造良好和谐的科教、环境氛围；进而向居民家庭延伸，倡导科学、文明的生活方式，开展科普示范家庭活动。

科普示范楼要创出自己的科普特色。各社区应从实际出发，根据每个社区的优势，扬长避短，定好位，起好步，扎扎实实地创出自己的科普品牌，如节能减排楼、绿色环保楼、低碳生活楼等。

（二）组建科普志愿者队伍

依靠社区力量，利用社区资源，把热心科普事业的离退休人员和社会各界的科技工作者组织起来。

科普志愿者的宗旨为:弘扬"科学、民主、文明、进步"的时代精神和"公平、道义、奉献"的伦理道德，实践"学有所成、回报社会、服务公众、实现自我"的理想信念。科普志愿者积极组织和参与科普培训、咨询、展教制作、表演、竞赛等活动，传播科学，传授文化，传承文明。

1.依靠离退休人员的力量

离退休人员是科教进社区的一支重要力量，在科普宣传活动中，既能发挥余热，实现老有所为，又能收获老有所乐，充实退休生活。社区要对离退休人员划分专业小组，进行岗前培训；定期召开座谈会，总结工作，做好安排，充分调动积极性。

2.发挥专业人员的作用

社区可以让有职业专长的人士来指导科学教育活动。比如，请在农科所工作的社区居民，到社区所属学校给学生及教师讲授灵芝、菌菇的栽培常识，指导学生观察、记录灵芝、平菇、草菇、白木耳的生长过程，并指导学生对草菇栽培的环境条件进行试验研究，将温室里栽培余下的草菇种植在菜地里，盖上稻草，观察其生长过程。通过对比实验，发现菜地中的草菇长不大，究其原因，是因为温度太低，草菇无法生长。学生在亲身观察实验中兴致浓厚，积累了一定的科学经验。

又如，请在消防队工作的居民来校讲解防火灭火知识，进行现场演练，增强学生对火的感性认识；请在中学当生物教师的居民来小学介绍动植物知识；还请当物理教师的居民来学校指导"磁性""沉浮""电"等科学游戏。

3.建立完善的组织机构

健全网络是创建工作扎实有效开展的保证。建立完善工作机构，形成以市科协为中心，以区科协为枢纽，以科普活动中心为分支，以科普小组（协会）、科普活动室、农业技术协会、科普示范基地、科普宣传员等为触角的科普组织网络，形成科普工作合力。

（三）社区科学教育网络

随着社会发展，学校与社区生活联系越来越紧密。一方面，学校的教育资源向社区开放，引导和参与社区的一些社会活动，尤其是教育活动；另一方面，社区向学校开放自己可供利用的教育资源，参与学校的教育活动。依托社区科技资源，建立青少年社区科学教育基地，使社区科学教育逐步形成以各级青少年科技站为中心，以中小学为舞台，从自发的社区合作，发展为自觉的社区科学教育组织；从部分学校与社区科研单位挂钩，发展为区域性科学教育网络。

1.建立社区科学教育中心

社区科学教育中心是以社区居民为主要服务对象，遵循人性化设计的原则，为社区居民创造一个集科学性、趣味性为一体的新型科普中心。中心可以设"科教苑""健康苑""博览苑""和谐苑"四个大区。"科教苑"可以集中展示集科学性、知识性、趣味性、可参与性和艺术性为一体的科普展品，如运动成像、光柱、窥视无穷、心肺复苏仪、天球仪、多媒体电脑等。科普展品通过直观和寓教于乐的方式，把一些深奥的知识形象、生动、直观地展示在参观者面前，使参观者受到科学知识、科学思想和科学方法的教育与启迪。

"健康苑"可以就保健科普知识每月安排1～2次活动，每次围绕一个专题进行科普宣传，如围绕儿童专题可以宣传小儿多动症、小儿肥胖症、儿童性早熟、小儿佝偻病、小儿脑瘫等疾病预防和治疗方面的知识。宣传以讲座、看录像、参观等形式进行。

"博览苑"和"和谐苑"可以集建筑、航天航空、生物等之大成，展示高、精、尖的科技，精致、景观优美、生态和谐的园林等。

"社区科学教育中心"科技项目的实施，为广大青少年和社区群众进一步开展科普教育活动搭建了平台，使居民在家门口就能学到科普知识，形成了爱科学、学科学、用科学的良好社会风气，也使社区成为宣传科学、倡导文明健康的重要阵地。

2.组建科技导师团

在我国，很多城市都组建了科技导师团。这些科技导师团，旨在有计划、有步骤地组织科技导师，向本地区青少年学生举办主题鲜明、内容丰富、形式多样的活动，弘扬科学精神、普及科学知识、传播科学思想和科学方法，可以很好地推动青少年科普和科学教育工作，提高青少年科学素质，促进创新人才脱颖而出，进而推进城市建设和区域文化教育中心工作。

科技导师团主要有以下三种方式。

（1）聘请有相应专业特长的科技导师培训科学教师和辅导员。在"科技导师团进校园"活动中，学校可以根据自身科技特色需要，聘请有相应专业特长的科技导师为学校兼职科技副校长，指导学校科学教育工作，培训科学教师和辅导员，推动学校开展特色科技活动。科技导师可以带领青少年参观实验室和科研场所，通过直接面对面、网上答疑等方式，指导青少年开展科技创新活动，建立科技专家与青少年的互动交流平台，拉近科技专家与青少年的距离，从而推动青少年科普教育的不断拓展。

（2）聘请德高望重的专家开办讲座。很多历史悠久的城市，文化积淀深厚，组建科技导师团，可以聘请中国科学院院士、中国工程院院士、国家级专家研究员、教授、高级工程师参加，一流的人选、一流的科普工作，使辖区的中小学生受益匪浅。导师举办演讲、报告会，内容丰富、浅显易懂、事例生动，极大地促进了社区科普工作的开展。

（3）组建青少年科技导师志愿团。充分发挥专家和科技场馆的优势，依托中小学校和科学教师，围绕青少年素质教育，构建学校、专家、科技场馆三结合的青少年科普教育网络，积极组织开展丰富多彩的青少年科普教育系列活动。

青少年科技导师志愿团，可由高等院校、科研院所的教授、研究员和工程高级技术人员组成，涵盖生物、机械、化学、天文地理、电子计算机、建筑等诸多领域，每年不断指导更多的学生从事科技创新活动，不断提高青少年的科学素养和科技创新能力，为国家储备科技人才。

3. 开发科学教育活动基地

注重不断开发科学教育活动基地，使广大青少年能更广泛地在青少年科学教育基地中学习到自己想学的科技知识，进行实地实验，掌握一些科技知识，养成从小学科学、爱科学的良好习惯，将来成为一名有科技素质的现代化建设人才。

注重向家长介绍科学教育活动基地，"科技一条街""种植园地""动物园""果园"等全方位向家长开放，家长带领孩子一起去实验基地操作探索、观察。在家长的帮助下，孩子动手操作、观察能力有了较大的提高，在帮助孩子的过程中，家长也感受到了科学教育活动对孩子智慧发展所起的重要作用，提高了他们对孩子参加科学教育活动的认同。

4. 建立青少年科技指导站

青少年科技指导站是一个区域青少年科学教育的指导中心、培训基地和活动场所，同时也是社区科学教育的龙头、联络站。

5. 成立科学教育网络机构，积极开展各项科技活动

各区域科学教育协会会同教育行政部门、劳动局、环保局等，建立各街道科普协会、科技特色学校、以广大中小学为舞台的青少年科学教育网络机构，定期举办区域性科技系列活动。活动中应该把青少年作为社区科学教育的主人和生力军，使青少年在宣传科普知识的活动中再受教育。

科技系列活动的主要做法有以下几个方面。

（1）组织科普宣传，普及科学知识，每逢科学纪念日，如植树节、爱鸟周、爱水日、环保日、国际气象日、科学与和平周等，都组织青少年上街宣传或举行各种科普宣传活动。

（2）组织科普行动，组织护绿大队和护绿中队，落实各校、各班级护绿责任区，如放置鸟巢，爱鸟、引鸟、护鸟，组织植树、护树活动等。

（3）成立"社区科技服务队"。与学校配合，定期进入社区宣传科普知识，利用学校场地举办各类科普宣传活动，如举办"航天文化展""汽车文化展""科普卫生展""禁毒展""低碳生活展"等；积极参加科普单位组织的科普活动，

如"国际航空绘画比赛""航空夏令营"等，使传统的学校教育、知识传授的封闭模式得以开放。生动活泼的社会实践活动，不仅有效提高了学生在交往互动中感受各种人际关系、体验各种情感的能力，提升了知识技能和应变能力，还优化了学校周边的教育环境，为学生提供了一个真实的、良好的，可参与、沟通和发展的社会空间。

（4）举办科普讲座，图片展览，宣传科学，破除迷信，促进街道精神文明建设。

（5）举办科学咨询，如关于家庭养花、老年保健、安全用电、消防知识等的咨询活动。

（6）开展"STS"活动，即科学技术、社会。确定主题如"安静小区的环境保护""被动吸烟的危害""保护青蛙""马路噪声对学校的影响""城市绿化"等。组织中小学生进行社会调查和角色扮演活动。

（7）组织科普小宣传员，促进校外科普教育基地、科普楼、科普村等的建设。

（8）保护野生动物，如组织学生去集市劝阻出售青蛙，组织捐款抢救华南虎等。

6.社区与学校联合开展科技创新活动形成学校教育社区化、社区生活教育化的"一体化"格局。这样，学校的科学教育工作就不仅局限于学校、课堂了，学校教师也由"学校型"拓展为"社区型"，教师不仅是学校的一员，而且是整个社区的一员，是整个社区教育、科学、文化事业建设的共建者。

社区与学校联合开展各项科普创新活动，既能资源共享，互通有无，又能拓宽科学教育的渠道，创新科普工作的形式和内容，使青少年从不同的方式、不同的角度去了解科学、接触科学、探究科学，有助于增强科普对青少年的吸引力和新鲜感。

为创建科教型生态社区，珠海市吉大街道办事处将科普教育作为社区建设的一项重要内容。街道依托辖区中小学的科普条件，将学校作为社区科普教育的载体，在香洲区科协的指导与支持下，创建了科普教育示范学校。这些科普教育示范学校，建有科技活动探究室、科技长廊，生物种类丰富的生物园，各种海底生物雕塑，教室墙壁上挂有科技图画等，这既为学校更好地开展科学教育创造了良好条件，又是社区居民学习科普知识的好去处。

第四节 "科普教育示范社区"的创建

一、"科普教育示范社区"的创建流程

近年来，为了大力提升居民的科学素养，各地纷纷组织开展"科普教育示范社区"的创建活动，以此推进社区科学教育的普及。各地还由科协等部门牵头，制定了"科普教育示范社区"申报与评选奖励办法和考核评估标准。这是一项非常有意义活动，得到了一些社区的积极响应，以创建"科普教育示范社区"为契机，大力提高了社区科学教育的水平。

第一，要做好学习上的准备。国家有关科技工作的方针政策、当地政府有关科教兴市的文件精神、"科普教育示范社区"的申报程序以及考核评估指标体系的内容和要求等，都是需要认真学习的。通过学习，提高对创建"科普教育示范社区"重要性的认识，明确创建的指导思想、目的、任务和要求。

第二，要全面分析本社区的现状，包括本社区居民的构成特点及其现有科学素养的水平，有哪些科学教育资源可供开发和利用，创建的优势和困难有哪些，等等。

第三，要在充分论证的基础上，制定好切实可行的方案。方案内容包括：现状分析、指导思想、目标与任务、组织领导、制度建设、队伍建设、硬件环境的建设、科学教育活动开展的途径与方法、经费保障、成效考核等。

第四，能否做好组织、制度、经费上的准备，保证强有力的组织领导，是创建工作能否开展、开展得怎样的前提。

第五，要做好广泛的宣传和动员。如果没有做好充分的宣传、动员工作，得不到社区居民的积极支持和参与，社区居民没有成为科普教育的主人和主体，"科普教育示范社区"的创建就失去了意义，再好的创建方案也会落空，成为一纸空文。

第六，最主要、最根本的是通过多种途径，进行科学教育。

在科技节期间，街道办还以"科技，让世界更精彩;创新，让生活更美好"为主题，举办了家庭、街道、小区科技创意大赛，开展了一系列科普活动。例

如，举行"绿色、时尚生活"讲坛、"健康饮食知识竞赛"、"健康合理化饮食"展板巡展、"吃在广东家庭厨艺大赛"等系列活动，展示居民厨艺神韵，传递绿色、健康的饮食和生活方式。

用创意活力和快乐温馨打造精彩难忘的社区科技活动，探索社区教育视野下的科普传播新模式。社区居民"奇思妙想"科技作品成果展览，更能反映家长和孩子的创造精神与实际操作能力。展览的一件件作品，构思奇巧、制作精美，铅笔花拼贴的皮影画、易拉罐做的沙发、泡沫板做的"中国龙"、太阳能电动车、面部防溅器防湿雨伞、科技创新小论文、科技电子贺卡、科技演示文稿……作品的创意，让参观的专家都感到惊讶。谢敏敏小朋友为了参赛，在爸爸的指导下，父女俩一起制作了"河面垃圾清洁器"，还配上了通俗易懂的制作原理和说明。在展区前，小敏一眼就看见了自己的"宝贝"入选参展，分外开心，并和爸爸妈妈一起在"评选你心目中的优秀科技作品"选票上，填写了两个（实物、网络展览各一个）他们认为最优秀的科技作品。

考虑到不少社区居民因为忙于工作，不一定能到场参观，为了方便更多的社区居民观看和参与投票，组织者还将这次展览的所有实物、非实物作品都进行了高清晰、多角度的拍摄，将这些图片和详细解说放到了社区的网站上。这样大家足不出户，轻点鼠标，就可以在家登录社区网站了解展览，并参与"评选你心目中的优秀科技作品"的投票。

除了上述科技活动外，各项"科普示范星"的评选活动，也是开展科学教育、促使居民科学素养大力提升的有效方式。

二、开展"科普示范家庭"评选标准

（1）爱国守法，邻里和睦，模范遵守社会公德和家庭美德，有良好的道德素质，举止文明。

（2）家庭成员热爱科学，重视科普知识的学习，经常阅读有益于身心健康的报纸、杂志，家庭科普读物不断充实、更新。

（3）家庭成员有健康的心理素质和良好的生活习惯，家庭生活温馨。

（4）家庭成员有较好的科学素质，有广泛的科学兴趣，能够运用电脑、网络等现代科技手段，不断学习吸取科学知识。

（5）家庭成员崇尚健康、科学、文明的生活方式，自觉抵制封建迷信，反对各种形式的愚昧、迷信、邪教、反科学、伪科学活动。

（6）家庭成员积极参加社区科普活动和其他公益活动，热心为社区服务，有一名以上是科普志愿者，能主动承担科普宣传、教育的任务。

（7）家庭成员在科普创作、科普出版、科普管理、科普活动中，特别是节约能源资源、保护生态环境等方面成绩突出。

三、开展"科普示范楼院"评选标准

（1）楼院在 2 栋以上，并且有责任心极强的业余科普宣传员、联络员或物业管理人员。

（2）楼院内有科普橱窗或科普宣传栏，并保证每季度更换一次内容。

（3）楼道走廊内有科普知识牌、科普知识角及其他科普知识展示装置。

（4）楼院科普宣传氛围浓，环境整洁，居民安全。

（5）楼院居民尊老爱幼，邻里和睦，遵纪守法。

（6）楼院居民积极参加社区科普宣传服务活动和其他公益活动。

7. 楼院科普示范家庭比例达到 20% 以上。

"科普教育示范社区"的创建，增进了社区居民邻里关系的沟通，促进了邻里关系的和谐。社区活动的"科学"元素增多，彼此间的"科学"话题也越来越多，科学教育的自觉意识明显增强。

绿色的荷包岛，银白色的沙滩、神秘的山谷，孩子们个个兴高采烈，兴趣盎然。看到孩子开心，家长也高兴。走在前面的男孩小宇发现了"目标"，一只蝴蝶映入他的眼帘，只见它穿着漂亮的"衣裳"，红、黄、白相间。在它黄色的大翅膀上闪烁着黑色斑点，在阳光的照耀下，斑点闪闪发光，格外美丽。陈老师告诉同学们说："这是报喜斑粉蝶。"陈老师手里拿着大网，蹑手蹑脚地靠近，熟练地朝蝴蝶扑去，蝴蝶扑着翅膀往上飞，陈老师迅速地抓住了蝴蝶，并把网缠得紧些，以免蝴蝶飞走。过了一会儿，他们看到的蝴蝶越来越多，四处飞舞的蝴蝶或是在空中翩翩起舞，或是在树枝上聚集栖息。色彩鲜艳、千姿百态的蝴蝶，让人目不暇接，真是大饱眼福！

捉到一只只美丽的蝴蝶，孩子乐得不行，专心聆听陈老师对蝴蝶的介绍：这只是宽边黄粉蝶，那只是菜粉蝶、平顶眉眼蝶、净雅灰蝶、小环蛱蝶……

下午，家长和孩子来到海边，漫步在银白色的沙滩上，欣赏美丽的港湾，聆听大海的涛声,感受大海的豪情,尽情地在海滩上嬉戏、在沙滩上捡贝壳……在夕阳的照耀下,满载而归。

大自然是美丽的,科学是美丽的,热爱大自然和科学的人们是最美丽的。

结　语

综上所述，在资源投入方面，科技馆需要不断更新落后的思想，引进新的科技成果和科学知识，以满足观众的需求。科技馆也需要进行大量的研究，寻找各种渠道，包括与科研机构、高校、企业等建立合作关系，推广新的科技成果和科学知识，推动科技馆市场化和规范化发展。科技馆还需要加强市场化和规范化的改革，提高经营效益和管理水平，市场化改革包括科技馆运营的市场营销、产品设计和宣传推广等方面的改革，规范化改革涵盖的则是科技馆管理的制度、机构、人员等方面的规范化建设，从而提高科技馆的知名度和形象，吸引更多观众前来参观，进而增加科技馆的经济效益。

科技馆的传播主体是科技馆的核心力量，包括科技馆工作人员、志愿者、科学家等，核心人员的素质和态度直接影响到科学传播的效果，科技馆需要重视传播主体的培养和管理，提高核心人员的科学素养和传播能力。首先，建立科技馆工作人员的专业培训体系，提高其专业知识和技能水平，不断强化科技馆的科学传播效果。其次，通过各种途径吸引和培养优秀的志愿者，提高志愿者队伍的科学素养和传播能力，为科技馆的科学传播效果提供有力支持。最后，与科学家合作，通过科学家的讲座、科学实验等形式，向观众传播最新的科学研究成果，提高观众的科学素养和科学意识。科技馆还需要建立健全的考核激励机制，激发管理人员的创新动力，推动科技馆的科学传播效应不断提高。在科技馆的建设中，要真正体现其科学文化的特色，体现其在推动社会发展进程中引领科学风尚的重要作用。在这个科技发展一日千里的时代，各行各业都在争奇斗艳，不进则退、小进也退。科技馆要发挥国家馆和省馆的龙头作用，积极扶持和带动地方中小科技馆的建设与发展，努力形成上下贯通、左右相连的发展网络，形成百舸争渡千帆过、万花竞相争的发展格局。科技馆的发展不仅可以提高人们的科学文化素质，还可以为全面贯彻科学发展观、建设和谐社会提供有益的借鉴。在新的历史阶段，我们要不断地总结和吸收国外的先进经验，不断地进行自主创新，把科技馆建设得更加贴近时代和人民群众的需求，实现功能最大化。

参考文献

[1] 张娜，羊芳明，罗静婷.科技馆场域中的科技文化建构与传播 [M].广州：华南理工大学出版社,2020.

[2] 殷皓，钱岩，廖红.科技馆教育活动开发与创新实践第六届全国科技馆辅导员大赛优秀项目集锦下 [M].北京：化学工业出版社,2021.

[3] 李雁翎，匡松，徐姐，等.去观察学编程科技馆里的奥秘 [M].北京：电子工业出版社,2021.

[4] 张晓春，曹震寰，韩霈泽.科技馆与科普信息化 [M].兰州：兰州大学出版社,2021.

[5] 杨玉娟，段飞.现代科技馆观众调查的研究与实践 [M].广州：广东科学技术出版社,2020.

[6] 薛舟，潘菲绘，中国儿童中心.神奇的科技馆 [M].重庆：重庆出版社,2020.

[7] 黄伟.潍坊市科技馆管理创新与实践 [M].济南：济南出版社,2018.

[8] 彭湃.科技馆教育项目评估理论与方法 [M].北京：科学出版社,2018.

[9] 殷皓，隗京花，齐欣.科普蓝皮书中国现代科技馆体系发展报告 [M].北京：社会科学文献出版社,2019.

[10] 束为.现代科技馆体系实践与创新 [M].北京：中国科学技术出版社,2019.

[11] 徐扬，龙金晶.中国流动科技馆科普效果评估研究 [M].北京：科学出版社,2019.

[12] 吕东.科技馆科学教育概论 [M].天津：天津科学技术出版社,2018.

[13] 潘秋生.令人称奇的科技发明科普知识馆 [M].北京：航空工业出版社,2018.

[14] 黄卉.科技馆管理与服务问题研究 [M].天津：天津科学技术出版

社 ,2017.

[15] 邢彬 . 中国数字科技馆科学传播分析 [J]. 科学与信息化 ,2021(4)：177-178.

[16] 史海兵 , 张伊晨 , 宋婧 . 新形势下科技馆展品研发和科学传播 [J]. 企业科技与发展 ,2021(4)：238-239，242.

[17] 张文婷 . 基于智慧科技馆的科学传播新模式研究：以福建省科技馆为例 [J]. 科技传播 ,2020(24)：64-66.

[18] 王维 . 浅谈有效提高专业科技馆科学传播效应的路径：以昆山防雷科普馆为例 [J]. 科技视界 ,2022(24)：6-8.

[19] 袁媛 . 提升科技馆展品科学传播效果的方式 [J]. 自然科学博物馆研究 ,2018(4)：52-59.

[20] 贾鹤鹏 , 杨正 . 国际科学传播最新理论发展及其带给我国科技馆的机遇：以公众参与科学为例 [J]. 科学教育与博物馆 ,2021(6)：514-523.

[21] 喻红 , 任秀华 . 基于足迹跟踪的科技馆科学传播效果研究 [J]. 科学教育与博物馆 ,2017(5)：343-348.

[22] 王奕琳 . 浅析临时展览对科技馆新时代科学传播要求的回应 [J]. 科普研究 ,2019(6)：40-46，114.

[23] 李丹丹 . 科学传播视野下的科技馆发展新探 [J]. 中文科技期刊数据库 (全文版) 社会科学 ,2023(5)：95-98.

[24] 孙小莉 , 何素兴 , 吴媛 , 等 . 有效提升科技馆科学教育活动成效的路径探析 [J]. 高等建筑教育 ,2021(3)：181-187.

[25] 刘海霞 . "双减"背景下科技馆发挥科学教育效能的问题及对策 [J]. 新教育时代电子杂志（学生版）,2023(19)：178-180.

[26] 何洁 . "双减"背景下科技馆发挥科学教育效能的问题及对策：以广西科技馆为例 [J]. 学会 ,2022(10)：143-148.

[27] 郑文君 . 新媒体技术下科技馆科学教育的转变策略 [J]. 现代企业文化 ,2020(35)：45-46.

[28] 彭禹 , 田园心语 , 郑娅峰 , 等 . 我国科技馆科学教育发展新方向：基于《现代科技馆体系发展"十四五"规划 (2021—2025 年)》的展望 [J]. 自然科学博物馆研究 ,2022(1)：12-17，108-109.

[29] 朱晔 . 论科技馆对于初中生科学教育的影响 [J]. 科学教育与博物

馆 ,2020(4)：314-317.

[30] 郑永和 , 彭禹 . 科技馆助力科学教育高质量发展：框架设计与实施路径 [J]. 自然科学博物馆研究 ,2022(5)：10-17.

[31] 蔡小见 . 实现科技馆科普活动与学校科学教育交互发展的有效途径 [J]. 小学科学 ,2022(11)：62-64.

[32] 王国庆 . "科技馆进校园"中科学教育的实践与创新 [J]. 读天下 ,2019(23)：152.

[33] 郑巍 . 新媒体技术下科技馆科学教育的转变及对策 [J]. 新媒体研究 ,2019(18)：28-30.